GÉNÉALOGIE
DE LA MAISON
DE PREISSAC,
TIRÉE
DU NOBILIAIRE HISTORIQUE
DE LA
PROVINCE DE LANGUEDOC,
ET DRESSÉE
SUR LES TITRES ORIGINAUX.

PAR M. GASTELIER DE LA TOUR, *Ecuyer, Auteur de ce Nobiliaire.*

A PARIS,

Chez P. G. SIMON, Imprimeur du Parlement, rue de la Harpe, à l'Hercule.

M. DCC. LXX.

AVEC PRIVILÉGE DU ROI.

DE PREISSAC, D'ESCLIGNAC.

PARTI, *au premier*, *d'argent*, *au Lion de gueules* *. *Au ſecond*, *d'azur*, *à trois faſces d'argent* **.

Sommé d'un caſque d'argent, *de front*, *ouvert*, *orné de ſes lambrequins*, *des émaux de l'Ecu. Une Couronne Ducale pour cimier.*

Supports, *deux Lions d'or*, *les têtes contournées.*

---

* Les Ducs d'Aquitaine portoient ces mêmes armes ; *voyez les annales d'Aquitaine*, *imprimées à Poitiers en 1535*. Les Comtes de Fezenſac avoient les mêmes armes, ſuivant Brugelles, p. 514, que l'on voit auſſi porter aux Comtes d'Armagnac, ſortis des Comtes de Fezenſac.

** Ce ſecond parti eſt, ſans doute, la premiere alliance contractée par un Cadet des Comtes de Fezensac, dont la branche a pris le nom de Preissac. Les armes de cette Maison, telles que l'on les rapporte ici, ont été prises sur les quittances aux Trésoriers de Guerre, ou dans les actes scellés, & ainsi qu'elles sont représentées sur l'ancien Château d'Esclignac, bâti en pierres de taille, & sur des vitres de ce même Château : les Seigneurs de Preissac ont joint à leurs armes, en différens tems, celles des Maisons fondues dans la leur, & ont suivi les obligations attachées aux substitutions qui leur sont échues.

Si l'obscurité des siecles reculés voile la jonction précise de la Maison de PREISSAC aux Comtes de Fezensac, issus, par les Ducs de Gascogne, des anciens Ducs d'Aquitaine, une Charte conservée aux Archives du Chapitre de *Sainte Marie* d'Auch, développe cette superbe origine, & la met dans le plus grand jour : cet Acte, rapporté tout au long par Brugelles (1), sera inséré en substance au second & troisieme degré de cette Généalogie, dans laquelle on verra d'ailleurs réuni, tout ce qui caractérise la véritable grandeur : c'est au Lecteur instruit à l'apprécier d'après les faits fidelement rapportés, tels que l'on les voit dans les titres originaux & monumens publics cités à chaque marge.

(1) Chroniques Ecclesiastiques du Diocèse d'Auch, p. 35 des preuves de la premiere partie.

Presque tous les noms propres se sont ressentis de l'ignorance des premiers tems, plus en Gascogne qu'ailleurs, à raison de la variété de l'idiome du Pays; mais il en est peu qui ayent été aussi défigurés que celui de PREISSAC. On le trouve écrit dans les Actes, & copié par quelques Auteurs, *Preissac*, *Prexac*, *Preyssac*, *Pressac*, *Prechas*, *Prechac*, *Prechat & Presag*, mais plus souvent *Preissac* dans les Actes & Titres originaux.

I.

Guilhaume-Loup (*), est le premier Seigneur connu sous le nom DE PREISSAC; il fut présent & souscrivit avec *Garcie-*

(*) Dans ce tems-là, il y avoit des noms plus particulierement affectés à certaines grandes Maisons; celui de *Loup*, par exemple, se trouve souvent dans les Ducs d'Aquitaine & leur descendance.

Arnaud Comte de Bigorre, *Bernard* Comte d'Armagnac, *Aimeric* Comte de Fezenſac, *Bernard* Comte de Pardiac, *Centule-Gaſton* Vicomte de Bearn & autres, la fondation du Monaſtere de *Saint-Pé* de Générens en Bigorre, faite par *SANCHE*, qualifié par la grace de Dieu, Prince Duc de toute la Gaſcogne, qui ordonna à tous ſes Conſuls & Proconſuls, c'eſt-à-dire, Comtes & Vicomtes (1) ſoumis à ſa domination, de confirmer avec lui, par leurs ſignatures & ſermens, l'établiſſement de ce Monaſtere & la conſervation de ſes privileges. Cette fondation n'a point de date; mais tous les Hiſtoriens conviennent qu'elle eſt de l'an 1030, & que *Sanche*, le dernier des Ducs de Gaſcogne, qui en eſt l'Auteur, mourut les nones d'Octobre, l'an 1032 (2). Ainſi il ne ſçauroit y avoir d'équivoque ſur le tems où a vêcu *Guilhaume-Loup* de Preiſſac, que l'on voit à cette époque, au nombre des Comtes & Vicomtes, & figurer avec les plus grands Seigneurs de ſon ſiecle, de la maiſon même du Fondateur, dont ils formoient autant de branches, ainſi que les Rois de Navarre, de Caſtille & d'Arragon, iſſus pareillement des Ducs d'Aquitaine, & ceux-ci de *Clotaire II*, l'un de nos Rois de la premiere Race (3).

(1) Hiſt. de Bearn, par M. de Marca, in fol. p. 198 & 246.

(2) Gal. Chriſt. T. 1, inſtrumenta, p. 194. Hiſt. de Bearn, p. 232, 237, 245, 246, 247, 248, 256, 297 & 385. Suite de Généal. hiſtoriq. des Maiſons Souveraines, in-4°. édition de 1736, T. 3, p. 46, 47, 66 & 76.

(3) Hiſt. G. de Languedoc, T. 1, preuves p. 85, *ibid.* note 83, p. 668 & ſuivantes.

Il paroît que *Guilhaume-Loup* eut pour femme *Benedicte* Gallin, qui voulant ſe marier dans la maiſon de Preiſſac, obtint le conſentement de l'Abbé & des Moines de *Saint Vincent* du Luc, & leur donna une naſſe (*) à Prexac & un Chreſtien, nommé Auriol Donat, avec ſa maiſon (4). Elle étoit fille de *Garcias* Gallin, qui fit don, au même Monaſtere de *Saint Vincent*, du village de Berdets & de celui Daos, & fit offrande à Dieu de ſa perſonne, avec toutes ſes Seigneuries, en compagnie de ſa femme, de ſon fils *Sance* Gallin, & de ſa fille *Benedicte*.

(4) Hiſt de Bearn. p. 270 & 271.

(*) C'eſt-à-dire, une Ecluſe pour la pêche. *Hiſt. de Bearn*, p. 374.

Il doit être né de ce mariage ;

1°. *Loup-Guilhaume*, qui ſuit.

2°. *Bertrand* de Preiſſac, préſent, ainſi que *Hicterius* de Preiſſac, à une Charte faite la veille des Calendes d'Avril 1093, portant confirmation de l'Abbaye de l'Eſterp, en latin *Stirpenſis*, au Diocèſe de Limoges, dans laquelle Charte, il eſt déclaré par le Seigneur *Jourdain*, qu'autre *Jourdain* ſon pere, étant peu de tems avant cette déclaration, à la veille d'entreprendre le voyage d'outre-mer, lui avoit donné des conſeils, & recommandé certaines choſes, en préſence de *Bertrand* de Preiſſac, & autres leurs parens, & ſur-tout de confirmer la fondation de l'Abbaye de l'Eſterp, ainſi que les donations & conceſſions par lui faites & jurées ſur l'autel de *Saint Pierre* & de *Saint Paul ;* ce que *Jourdain* fils effectua & ratifia par la même Charte, entre les mains de *Guilhaume* Abbé, de *Bernard* Prieur, & de tous les Moines de ce Couvent (1).

3°. *Hicterius* de Preiſſac, préſent, comme on l'a dit, à l'acte ci deſſus rapporté. (Juſqu'à cet inſtant, on ne voit le nom d'*Hicterius* que dans la Race des Ducs d'Aquitaine : *Hicterius*, frere de *Loup* Ier, l'un de ces Ducs, fut fait Comte d'Auvergne par Charlemagne, en l'an 778 (2).

(1) Gal. Chriſt. T. 1, inſtrumenta, p. 197.

(2) Hiſt. G. de Languedoc, p. 427.

I I.

Loup-Guilhaume (*) DE PREISSAC, ſurnommé *Contrario*, reçut à foi & hommage d'*Arſivus* de Monteſquieu ſon couſin,

(*) C'eſt-à-dire *Loup*, fils de *Guilhaume*. M. de Marca, *Hiſt. de Bearn*, *Liv. 3*, *chap. 5*, *pages 207 & 208*, obſerve que les Ecrivains de ce tems-là, lorſqu'ils vouloient exprimer les noms patronimiques en termes latins, ajoutoient au nom propre, le génitif du nom du pere ou de l'ayeul, & que l'on trouve cet uſage fort reçu dans les titres des Comtes ou Ducs de Gaſcogne.

une Terre aux environs de la Ville d'Auch en Armagnac, près des portes que l'on nommoit autrefois d'*Arsigas*, Terre qu'*Arsivus* possédoit précédemment par droit héréditaire des Comtes (1). (des Comtes de Fezensac, dont étoit sorti *Aimeric* pere d'*Arsivus*) Une Terre de patrimoine donnée attrocement sous une redevance purement honorifique, n'a dû probablement avoir lieu qu'entre proches, & par l'intérêt commun du nom; cet acte rapporté plus au long dans l'article suivant, prouve évidemment la consanguinité des Seigneurs de Preissac, avec les Comtes de Fezensac. Le même *Loup*, fit don à l'Abbaye de *Saint Savin* de Lavedan en Bigorre, conjointement avec sa femme *Etiennete* ou *Stephanie*, (Leurs trois enfans sont nommés dans cet acte *Odhom*, *Bernard* & *Raimond*) Il fit don de deux cazals ou maisons (*), appellées de Bizas, situées dans sa Terre de Gezat, *Hebrard* étant pour lors Abbé de ce Monastere, qu'il gouvernoit en 1086 & 1105 (2). Ce qui confirme le tems où a vêcu *Loup-Guilhaume* dit *Contrario*, & ces dates se trouvent conformes aux preuves tirées de l'acte précédemment rapporté; car *Contrario* étoit cousin, comme on l'a dit, d'*Arsivus* de Montesquieu, duquel il reçut une Terre, & le même *Arsivus* fit don en 1090 à l'Eglise d'Auch de plusieurs Eglises (3). *Emeric* II, dit *Forton*, Comte de Fezensac, cousin germain d'*Arsivus*, fit la réunion des Monasteres d'Euze & de *Saint Orens* d'Auch, à l'Abbaye de Clugny en 1088, confirma en 1095 à l'Eglise d'Auch la restitution de Vic & de *Sainte Christine*, & mourut en 1103, suivant le negrologe du Chapitre de *Saint Orens* d'Auch (4).

Loup de Preissac devenu vieux, & suivant l'esprit du siecle, endossa l'habit monastique dans l'Abbaye de *Saint Savin*, où

(1) Extrait en forme du Cartulaire de Sainte Marie d'Auch, C. 50.

(2) Collection de Dom Etienot sur les Antiquités Bénédictines de la Gascogne, T. 1, n°. 545, fol. 320.

(3) Brugelles, preuves de la premiere partie, p. 24.

(4) *Ibid.* p. 515 & 516.

(*) Signification donnée par M. de Marca, dans son Hist. de Bearn, p. 356.

il

il se trouve compris dans un Rôle des Nobles qui y ont été Religieux (1).

(1) Collections de Dom Etienot, T. 1, fol. 320.

On voit exister en Guyenne vers l'an 1050, une maison du nom de Brignemont, puissante par ses grandes possessions le long de la Garonne, & ses droits sur cette riviere (*). On ne retrouve plus cette maison passé cette époque, si fait-bien ses droits & ses possessions, mais dans les mains des Seigneurs de Preissac, ainsi que la Terre de Brignemont ; on en doit conclure, qu'*Etiennette* ou *Stephanie* rapportée dans cet article étoit de cette Race, & que c'est à son alliance que les Seigneurs de Preissac, nouvellement sortis pour lors des Comtes de Fezensac, dûrent ces magnifiques possessions.

Les enfans de son mariage avec *Loup-Guilhaume* de Preissac, surnommé *Contrario*, sont :

1°. *Odhom*, qui a continué la postérité.

2°. *Bernard-Guilhaume*, nommé dans la donation faite par son pere à l'Abbaye de *Saint Savin*, épousa *Peyronne* ou *Petronille*, ce qui est justifié par un acte du 4 des calendes de Juin 1173, qui contient une permission par eux donnée à *Pons*, Abbé de Grandselve & aux Religieux de cette maison, de faire paître leurs bestiaux dans l'étendue des terres du Seigneur *Bernard-Guilhaume* de Preissac & de Dame *Peyronne* sa femme, & de couper du bois dans leurs forêts pour l'usage

(*) *Guilhaume-Arnaud* de Brignemont, sous l'autorité duquel les Habitans de différentes Villes de Lomagne donnerent, en l'an 1059, de grands biens à l'Eglise de *Saint Pierre* de Moissac, & à Durand, Evêque de Toulouse, qui en étoit Abbé, donna lui-même, l'an 1076, à cette Eglise, conjointement avec *Belle*, sa femme, *Arnaud*, *Sens*, *Raimond* & *Guilhaume*, ses enfans, la moitié de celle de *Saint Michel* Archange, avec ses Dixmes & Offrandes, située dans le pays d'Agenois, ce qui lui venoit de l'héritage de ses Ancêtres ; il donna aussi la moitié d'une grande étendue de terrein sur le bord méridional de la Garonne, ainsi que la moitié de cette riviere à la hauteur & sur l'étendue de ce terrein. *Archives du Chapitre de Moissac.*

(1) Expédition du titre original, trouvé aux Archives de l'Abbaye de Grand-selve.

des Pasteurs : à cet acte fut présent *Vital* de Preissac (1), dont il sera fait mention ci-après.

3°. *Raimond*, nommé aussi dans la donation de *Saint Savin* faite par son pere, fut compris à un acte fait par *Cornellie*, femme de *Raimond-Garcie* de Lavedan, portant confirmation d'une donation de la moitié de l'Eglise & Abbaye de Gos, située dans le Comté de Marsan, fondée par autre *Cornellie* son ayeule, femme de *Guilhaume* de Barbazan, ainsi que l'attestent *Arnaud* de Lavedan, *Antoine* de Vilsac & N. de Saint-Pastou; à cet acte furent encore présens les Seigneurs *Raimond-Guilhaume* de Lau, *Bernard* d'Arsans, *Raimond* d'Adast, *Gaurand-Arnaud* de Saint-Jean, *Guilhaume* de Solon, *Guilhaume* d'Asmé, & *Forton* de Vrod (2).

(2) Extrait du Cartulaire de l'Abbaye de Saint Savin.

III.

ODHOM (*) DE PREISSAC, fils de *Loup-Guilhaume* de Preissac dit *Contrario*, & d'*Etiennette* ou *Stephanie*, nommé comme ses freres dans la donation faite par son pere à l'Abbaye de *Saint Savin* de Lavedan; fut présent & souscrivit en l'an 1135 une transaction passée par la médiation du Comte de Bigorre, pour terminer les différends qui s'étoient élevés entre l'Abbé du même Monastere, & les Habitans de la vallée d'Aure, au sujet d'un droit de sépulture. Cette transaction fut aussi souscrite par *Guilhaume* d'Etienne, *Garcie-Arnaud* de Castel de Berne Bailli, d'*Arnaud-Auriol* Dost, *Jourdain* de Saint-Pastou, *Ber-*

(*) Le nom d'*Odhom*, *Hatton*, *Hudes*, *Hodet*, *Odemar*, &c. qui est le même, étoit aussi plus particulierement affecté à la Maison d'Aquitaine depuis *Sainte Ode*, Dame Austrasienne, femme de *Baugis*, Duc d'Aquitaine en 711, dont le fils fut nommé *Hudes*, & le petit-fils *Hatton*. *Hist. G. de Languedoc*, *T. 1*, *preuves*, *p. 85*, *Ibid. note 83*, *p. 688*, *& seq.*

nard d'Arcizas, *Arnaud* de Balagnas, & plusieurs autres puissans Chevaliers (1).

(1) Extrait du Cartulaire de l'Abbaye de Saint Savin.

Odhom de Preissac est aussi nommé dans une Charte, contenant un accord fait en l'an 1145, entre *Guilhaume*, Archevêque d'Auch d'une part (*), & *Garcie*, Prieur de *Saint Orens*, de l'autre (**), pour fixer les limites des paroisses de *Sainte Marie* & de *Saint Orens*, conformément au desir du Pape *EUGENE*, qui avoit nommé pour arbitres de ce différend G. Archevêque de Bordeaux, H. Evêque d'Agen, B. Evêque de Tarbes, M. Abbé de Fiag : dans l'examen de ces limites, & sur la foi des vieillards centenaires qui en avoient reçu la connoissance de leurs peres centenaires & nonagenaires, la Terre qu'*Odhom* de Preissac tenoit de *Contrario* son pere, & que celui-ci avoit reçue, comme il est rapporté dans le précédent article, sous la foi & hommage d'*Arsivus* de Montesquieu son cousin ; cette Terre y est citée comme borne, & le même acte ajoute que *Bertrand* de Montesquieu, fils d'*Arsivus*, a confirmé à *Odhom* de Preissac & aux mêmes conditions, la donation de cette Terre précédemment faite à *Contrario* son pere, par *Arsivus* cousin de *Forton*, Comte de Fezensac (2). Voilà cette donation confirmée entre les enfans d'*Arsivus* & de *Contrario*. Ce n'est donc ni l'effet d'un caprice, ni un acte de prodigalité, mais au contraire une volonté raisonnée, qui se perpétue avec le lien qui l'a déterminée (***).

(2) Extrait en forme du Cartulaire de *Sainte Marie* d'Auch, c. 50.

(*) *Guilhaume II* d'Andozille, ou d'Andosielle, du nom de Montaut, des Comtes de l'Isle Jourdain, fut nommé Evêque de Lectoure en 1120, Archevêque d'Auch en 1126, & mourut le 26 Décembre 1177. *Brugelles, p. 106 & suivantes.*

(**) *Garcie-Lize*, fut fait Prieur de *Saint Orens* en 1121, & ne l'étoit plus en 1150. *Brugelles, p. 336.*

(***) *Arsivus* de Montesquieu, dit le vieil, étoit fils d'*Emerie* de Fezensac, & petit-fils de *Bernard-Odhom*, Comte de Fezensac ; d'un autre côté, *Emeric II*, dit

Odhom de Preissac eut pour femme *Geralde* de Montgaillard, fille de *Vital* de Montgaillard, d'une des plus anciennes & des plus puissantes Maisons de Guyenne ; ce mariage est prouvé par un acte du 3 des nones de Janvier 1177, par lequel *Odhom* de Preissac & la Dame *Geralde sa femme*, affranchirent les Religieux de Grandselve du droit de dixme dans les domaines qu'ils faisoient cultiver entre les rivieres de Gimone & du Sarampion, dans le dixmaire de l'Eglise d'Usac (1).

(1) Archives de Grandselve.

De ce mariage vinrent,

1°. *Gaubert-Odhom*, qui suit.

2°. *Vital*, surnommé de Montgaillard, présent, comme il a été dit, à la donation faite au Couvent de Grandselve, par *Bernard-Guilhaume* de Preissac & par *Petronnille* sa femme, & qui eut part lui-même à un acte rapporté dans l'article suivant ; & fut Religieux au même Couvent.

On trouve encore *Bernard* de Preissac, qui fut présent à des conventions faites à Bulium, la semaine avant la fête de Pâques l'an 1192, entre Dame *Agnès*, femme de *Geraud* Viger & ses enfans, d'une part, & les Chanoines de *Saint Junien*, Diocèse de Limoges, d'autre part (2). Mais il n'y a point de preuve qu'il fût frere de ceux ci-dessus rapportés.

(2) Cabinet des Ordres du Roi.

On trouve aussi *Etienne* de Preissac qui se rendit caution,

Forton, Comte de Fezensac, étoit fils de *Guilhaume*, dit *Astanove*, Comte de Fezensac, & petit-fils du même *Bernard-Odhom*, aussi Comte de Fezensac. *Voyez la suite des Généal. historiques des Maisons Souveraines, T. 3, p. 47 & 48. Arsivus* & *Emeric*, dit *Forton*, étoient par conséquent enfans des deux freres, & incontestablement de même race : le mot qui exprime leur parenté dans l'acte ci-dessus, est celui de *Cognatus*, le même exactement employé dans cet acte pour rendre la parenté du même *Arsivus* de Montesquieu, avec *Contrario* de Preissac. Ces parentés sont donc les mêmes ; ils sont tous trois de même race : quelle signification que l'on veuille donner à ce mot, *Cognatus Cognato*, il n'a pu être employé dans un même acte en deux différentes occasions, que pour exprimer une même chose.

tant pour lui que pour ses descendans ; des donations qui avoient été faites par son pere & autres ses parens, en faveur de *Mauriés Saint Pierre*, Apôtre de Callefroin en Angoumois, & ce par un Cartulaire en forme de rouleau en parchemin, conservé aux archives de cette Abbaye, d'une écriture fort ancienne, & qui paroît être du douzième siecle (1). Mais on n'a pas non plus la preuve de sa filiation.

(1) Cabinet des Ordres du Roi.

I V.

GAUBERT-ODHOM DE PREISSAC, fils d'autre *Odhom* & de *Geralde* de Montgaillard, donna permission, conjointement avec la dame *Geralde*, sa mere, *Vital*, dit de Montgaillard, son frere, & *Raimond* Seguin, son oncle, frere de sa mere, par acte du mois de Décembre 1186, à *Guilhaume*, Abbé de Grandselve, & aux Religieux de cette maison, de faire paître leurs bestiaux dans toutes les terres des Seigneurs donateurs, & de couper du bois dans leurs forêts, pour l'usage de leur maison (2). Et l'année d'aprés, en Février 1187, il donna permission au même Abbé & aux Religieux de Grandselve, conjointement avec *Honorée* de la Tour, sa femme, de faire monter & descendre un bateau tous les ans par le fleuve de Garonne, sans lui payer aucun droit de leude ou peage (3). Ce qui prouve son droit de Seigneurie sur cette Riviere, & prouve aussi son mariage avec *Honorée* de la Tour, confirmé par d'autres actes, rapportés à l'article suivant; elle étoit d'une des meilleures Maisons de Guienne, dont les ancêtres sont qualifiés Damoiseaux & Chevaliers dans tous les actes que l'on trouve d'eux.

(2) Archives de Grandselve.

(3) Bibl. du Roi. Tit. de Doat. vol. 77, fol. 407.

Il vint de ce mariage,

1°. *Arnaud*, mentionné au degré suivant;

2°. *Raimond-Arnaud*, qui suit;

3°. *Odhom*, fut un des Seigneurs Toulousains qui prêterent serment de fidélité au Roi LOUIS VIII, quelques jours après l'Exaltation de Sainte Croix, dans le mois de Septembre 1226, & lui soumit sa Terre & Château de Seran, ainsi que tout ce qu'il avoit dans l'Evêché & Comté de Toulouse, avec promesse d'être fidèle au Roi & à l'Eglise (1). Cette Terre de Seran a continué d'appartenir à la Maison de Preissac jusqu'au 3 Novembre 1399, que *Vital* de Preissac, ainsi qu'il sera rapporté ci-après, la donna en échange à *Geraud*, Comte d'Armagnac, pour des Fiefs joignans sa Terre d'Esclignac, qui appartiennent encore aujourd'hui aux Seigneurs de ce nom : le même *Odhom* de Preissac assista comme témoin avec *Bernard-Guilhaume*, nommé de Seran, son frere, à un acte passé en l'année 1237 (2). On le trouve encore nommé avec *Raimond-Arnaud* & *Bernard-Guilhaume* de Preissac, dans un acte qui sera rapporté à l'article suivant;

4°. *Bernard-Guilhaume* de Preissac, appellé de Seran, nommé, comme nous l'avons dit, dans les titres précédemment cités; fut présent avec *Arnaud-Guilhaume* de Lomagne & autres Seigneurs, à un acte passé le Dimanche avant la Fête Saint Vincent 1237, par lequel *Odhom*, Vicomte de Lomagne, fit élection de sa sépulture dans le Monastere de Grandselve (3);

5°. *Brunet* de Preissac, auquel *Edouard*, premier Roi d'Angleterre, accorda, par ses Lettres du 26 Août 1299, une pension de 25 livres chipotens, jusqu'à ce qu'on lui eût restitué les terres & possessions qui lui avoient été prises à l'occasion de la guerre, & mises en la main du Roi de France (4);

6°. *Thibaut* de Preissac, auquel le même Roi d'Agleterre, accorda une pareille pension de 25 liv. chipotens, par les mêmes Lettres du 26 Août 1299, & pour le même sujet (5). Il y eut des secondes Lettres du même Roi, le premier Avril 1304,

(1) Bibliotheque du Roi, Tit. de Doat. vol. 75, fol. 174, Hist. G. de Languedoc, T. 3, p. 359.

(2) Extrait du titre original aux Archives du Chapitre de Sainte Marie d'Auch.

(3) Archives de Grandselve.

(4) Expédition du titre original trouvé aux Archives de la Tour de Londres. *Rotulus Vasconié, anno* 23-31, *Edouardi I, membrana* 8 & 7.

(5) *Ibid.*

contenant une permission donnée à *Thibaut*, ainsi qu'à *Arnaud-Bernard*, son neveu, que nous rapporterons dans l'article de ce dernier.

V.

RAIMOND-ARNAUD DE PREISSAC, fils de *Gaubert-Odhom* & de *Honorée* de la Tour, confirma conjointement avec *Arnaud*, son frere, la permission précédemment donnée, comme on l'a dit, par *Gaubert*, leur pere, & *Honorée* de la Tour, leur mere, à l'Abbé & aux Religieux du Monastere de Grandselve, de faire monter & descendre un bateau tous les ans par le fleuve de Garonne, sans payer aucun droit de leude ou peage, ce qui se voit par des Lettres *d'Arnaud*, Evêque d'Agen, données le 7 des Ides de Juillet 1217, par lesquelles il déclare, qu'*Arnaud* de la Tour (*) & *Raimond*, son frere, confirment à ce Monastere la liberté de faire monter un bateau tous les ans par la Garonne, sans leur payer ni leude, ni peage; ce bateau portant trois muids de sel, donnés aux Religieux, par *Richard*, Roi d'Angleterre, en conséquence de l'exemption accordée à leur Maison en l'année 1187, par *Gaubert* de Preissac & *Honorée* de la Tour, pere & mere des Seigneurs *Arnaud* & *Raimond* (1).

Le même Evêque donna des secondes Letres, datées du même jour 7 des Ides de Juillet 1217, portant autorisation de la susdite exemption de leude ou peage sur la riviere de Garonne, accordée comme il a été dit (2).

Raimond-Arnaud de Preissac eut pour femme *Harpadelhase* d'Argombaud, fille de *Raimond-Bernard* d'Argombaud, dont

(1) Bibl. du Roi, tit. de Doat, vol. 78, fol. 207.

(2) *Ibid.*

(*) Suivant l'usage de ce tems-là, les Princes & les Seigneurs, au lieu de se distinguer dans les actes publics par le nom de leur pere, y employoient souvent celui de leur mere. *M. de Marca, Hist. de Bearn, p. 567.*

les ancêtres sont qualifiés Chevaliers dans tous les actes que l'on trouve de leur Maison, & avoient été les fondateurs en partie, de l'Abbaye de Belleperche, comme on le verra dans la suite. La dame *Harpadelhase*, se dit veuve de *Raimond-Arnaud* de Preissac, dans une donation par elle faite le 7 de la sortie de Mars 1245. à Dieu & à madame Sainte *Marie* de Belleperche, au Seigneur *Etienne*, Abbé & aux Religieux de cette Abbaye, pour la rémission de tous ses péchés & de ceux de ses Proches décédés, des honneurs ou Seigneuries d'Embrezy, d'Artigua & leurs appartenances, joignant la Ville d'Auvillar, le long de la Riviere de Garonne; comme aussi des honneurs & Seigneuries de la Mota, de Laiga & de Labarte, sous la réserve de dix sols morlas d'Acapte, à chaque mutation de Seigneur ou d'Abbé, avec promesse de faire approuver cette donation par ses enfans lorsqu'ils seroient en âge de l'avouer. Elle reçut quittance, par le même acte, de trois cens sols morlas, qui avoient été donnés en engagement à ces Religieux, sur la Terre & Seigneurie de Puyaliandre, par feu *Odhom* de Preissac & *Raimond-Arnaud* de Preissac, mari de la dame *Harpadelhase*, & par *Bernard-Guilhaume* de Preissac, freres, (ce dernier surnommé de Seran, présent à cet acte) pour les dommages par eux causés sur les bestiaux & juments du Couvent de Belleperche & autres choses de la dépendance de cette Abbaye (1).

(1) Expédition du titre original, aux Archives de l'Abbaye de Belleperche.

La même *Harpadelhase*, se disant toujours veuve de *Raimond-Arnaud* de Preissac, fit une autre donation le 30 Janvier 1249, assistée de *Condore*, sa fille, de *Bernard* de Bessens, son gendre, mari de *Condore*, & conjointement avec *Bernard* Gautier, & *Montarsis* de Cucmont, fils de *Guillaume-Bernard* de Cucmont, en faveur de *Richard*, Abbé & des Religieux de Grandselve, de tous les droits & prétentions qu'ils avoient sur le Terroir & Seigneurie d'Argombaud, ses appartenances & dépendances (2).

(2) Archives de Grandselve.

Il

Il vint de ſon mariage avec *Raimond-Arnaud* de Preiſſac.

1°. Autre *Raimond-Arnaud*, qui ſuit.

2°. *Arnaud-Bernard*, qui a formé la branche des Soudans de Latrau, qui ſuivra la poſtérité de *Raimond-Arnaud*.

3°. *Vital*, qui a formé la branche des Seigneurs d'Eſclignac, ſubſiſtante encore aujourd'hui, qu'on rapportera après celles de ſes freres.

4°. *Odhom* de Preiſſac, Chevalier, Seigneur de Bajonnette, du Blanquet, de Lados, &c. fut préſent aux Coutumes données aux Habitans de la Terre de Seran, le 19 Février 1272, par *Arnaud-Bernard* de Preiſſac, ſon frere, dit Soudan (1). Il en donna lui-même en l'an 1276, aux Habitans de ſa Terre de Bajonnette, conjointement avec *Vitale* de Goth, femme du même *Arnaud-Bernard* de Preiſſac, dit Soudan, ſon frere, Co-Seigneur de cette Terre, ainſi que *Vital*, Seigneur d'Eſclignac, ſon autre frere (2). *Odhom* de Preiſſac paſſa un acte au mois de Juillet de la même année 1276, avec *Sanche* de Manas, auſſi Chevalier, Commandeur de l'Ordre de la Foi & de la paix, par lequel acte, *Sanche* de Manas, donna à titre d'échange à *Odhom* de Preiſſac, les trois portions à lui appartenantes du Château du Blanquet, au Diocèſe de Lectoure, l'autre portion étant deja aux Seigneurs de Preiſſac (3). Cette Terre, qui joint celle d'Eſclignac, n'en a point été ſéparée depuis cette époque. Le 3 des nones d'Août, même année 1276, *Odhom* de Preiſſac fit un acte de ceſſion, de certains droits de dixme, en faveur du Chapitre de *Sainte Marie* d'Auch (4). *Edouard I*, Roi d'Angleterre, adreſſa des lettres, le 12 Août 1290, au Sénéchal de Gaſcogne & Prépoſé de Bazas, pour avoir à maintenir, protéger & défendre de toute oppreſſion, *Arnaud-Bernard* de Preiſſac & *Odhom*, ſon frere (5). Il aſſiſta à un acte d'inféodation fait par *Vital* de Preiſſac, ſon frere, le premier jour après

(1) Archives de la Tréſorerie de Montauban.

(2) Archives d'Eſclignac.

(3) Archives du Chapitre de Ste Marie d'Auch.

(4) *Ibid.*

(5) Archives de la Tour de Londres. *Rotulus Vaſconie*, an. 18. *Edouardi* I, membrana 2.

l'Incarnation 1299, de certains biens situés dans leur terre de Bajonnette, en faveur du nommé *Bonel* (1).

(1) Archives d'Esclignac.

Il fut marié avec *Moretana* de Goas, Dame de Saint Salvy, d'une des plus anciennes Maisons de Gienne, qui a fondu dans celle de Biran d'Armagnac. Elle étoit fille de *Guilhaume* de Goas, Chevalier, & sœur d'*Aynard* de Goas, ce qui est justifié par une Sentence arbitrale du 11 Octobre 1282, rendue par le Cellerier du Couvent de Grandselve & par *Arnaud* de Faudoas, Damoiseau, sur des contestations concernant la terre de Liarolas, située proche le Château de Saint-Salvy (2). Il y eut encore un autre acte passé le 11 de l'issue de Mars 1284, entre le Seigneur *Odhom* de Preissac, faisant tant pour lui que pour dame *Moretana*, sa femme, d'une part; & l'Abbé de Grandselve, d'autre part, au sujet de la Justice & des limittes de la même terre de Saint-Salvy (3). *Odhom* de Preissac fut présent, en l'an 1285, à une donation faite par *Vezian* de Lomagne, en faveur d'*Auger* de Lomage, son oncle, de la Seigneurie de Caumont (4). On trouve encore une transaction passée le 9 de l'issue d'Octobre 1290, entre le même Seigneur *Odhom* de Preissac, les Religieux de Grandselve & les Consuls & Habitans de Saint-Salvy, touchant les droits de pâturage de cette terre (5).

(2) Archives de Grandselve. Biblioth. du Roi, Tit. de Doat. vol. 80, fol. 13.

(3) Archives de Grandselve.

(4) *Ibid.*

(5) *Ibid.*

On ne voit pas qu'*Odhom* de Preissac ait laissé d'enfans, cependant il pourroit être pere de *Longue*, femme de *Vital* II, Seigneur d'Esclignac, qui sera rapporté dans la suite. On peut d'autant plus le présumer, que les terres d'*Odhom* se trouvent depuis cette époque, dans les mains de *Vital* & dans celles de sa descendance, ainsi que l'on le verra dans son article & dans ceux de ses successeurs.

5°. *Raimond-Bernard* de Preissac, Damoiseau, Co-Seigneur avec ses freres, de *Saint Michel* de la Corneille, d'Auvillar, de Sempeserres, de Lascorides, de Baynas, &c. prend dans quelques actes le nom de Brignemont, terre qu'avoit son frere aîné. Il reçut les lods & ventes & confirma par acte du 12 Février 1324, passé devant *Bernard* de Sentis, Notaire, l'acquisition faite par *Bertrand* de Marty, Damoiseau, d'une maison & son jardin situé à Auvillar, dans le Fief du Seigneur de Preissac (1). Il fit donation par acte du 5 de la sortie de Février 1330, retenu par Paschal, Notaire, en faveur de *Bertrand* de Servola, Abbé & des Religieux de Belleperche, de cent sols tournois de rente annuelle, qu'il affecta sur les vignes qu'il avoit à Auvillar & dans le Dixmaire de Sempeserres, & en cas d'insuffisance sur les biens & droits à lui appartenans dans le lieu de Lascorides, & sur la Terre & Seigneurie de Baynas, à la charge par les Religieux, de célébrer chaque jour à perpétuité, une Messe de Requiem pour le repos de son ame & de celles de ses parens, & spécialement pour celle de défunt *Vital* de Preissac, Damoiseau, son frere (2). Il passa un acte devant *Jean* Agulher, Notaire, le 18 Mai 1333, par lequel il ensaisina la vente faite par *Simon* Farat, Bourgeois d'Auvillar, en faveur de frere *Etienne* Marset, Cellerier de Grandselve, & de *Pierre* Duran, Gouverneur de la maison que le même Couvent avoit à Auvillar, de la sixieme partie d'un moulin assis sur la riviere de Garonne, avec les digues, rivages & Isles en dépendantes, le tout situé dans le fief du Seigneur de Preissac, en la Jurisdiction d'Auvillar, sur lequel moulin & dépendances, il réserva le cens annuel de huit deniers morlas, & le droit d'acapte à chaque mutation de Seigneur, suivant la Coutume d'Auvillar (3). Le même *Raimond-Bernard* de Preissac, nommé aussi Brignemont, accepta la reconnoissance féodale, que lui consentirent les Religieux de Grandselve, par acte du 20 Décembre 1333, retenu par *Jean* Agulher, Notaire, de certains biens situés dans la Jurisdiction d'Auvillar, Paroisse de *Saint Pierre* d'Antpost, sous la

(1) Cabinet des Ordres du Roi.

(2) Archives de Belleperche.

(3) Archives de Grandselve.

censive de quatre deniers morlas, & moitié moins pour le droit d'acapte (1).

(1) Archives de Grandselve.

Il mourut peu de tems après cet acte, ayant eu pour femme *Esclarmonde* de Durfort, ce qui se vérifie par le testament de la dame *Esclarmonde*, sa veuve, fait au Château de *Saint-Michel* de la Corneille, devant *Guilhaume-Arnaud* Condonh, Notaire des Comtés de Lomagne & d'Auvillar, le dernier jour d'Avril 1334, par lequel elle legue au Monastere de Belleperche, la somme de 200 livres de petits tournois, à la charge par l'Abbé, d'établir un prêtre pour célébrer à perpétuité trois Messes au moins par semaine, pour l'ame de la Testatrice, & pour celle de défunt *Raimond-Bernard* de Preissac, son mari, à cause de quoi, elle chargea son héritier de payer à ce Monastere, une rente annuelle & perpétuelle de cent sols tournois (2). Il paroît qu'ils n'eurent point d'enfans, & que le principal héritier de *Raimond-Bernard* de Preissac, fut autre *Raimond-Bernard*, son neveu, peut-être son filleul, fils de son frere *Raimond-Arnaud*, Seigneur de Brignemont. La Généalogie de quelques branches de la Maison de Durfort, dont étoit *Esclarmonde*, est rapportée dans le Nobiliaire duquel le présent extrait a été tiré.

(2) Archives de Belleperche.

6°. *Pierre* de Preissac, dont on ignore le sort. Il est dit frere d'*Arnaud*, dans des lettres données par *Edouard*, Roi d'Angleterre, le 26 Août 1299, par lesquelles ce Monarque leur accorda une pension annuelle de 20 livres chipotens à chacun, jusqu'à ce qu'on leur eût restitué les terres qui leur avoient été prises à l'occasion de la Guerre, & mises en la main du Roi de France (3).

(3) Archives de la Tour de Londres. *Rotulus Vasconie*, an. 23-31. *Edouardi I*, *membrana* 8 & 7.

7°. *Condore* de Preissac, qui fut mariée avec *Bernard* de Bessens, ce qui est justifié par la donation qu'ils firent, conjointement avec Dame *Harpadelhase* d'Argombaud, veuve de *Raimond-Arnaud* de Preissac, pere & mere de *Condore*, le 30 Janvier 1249, en faveur des Religieux de Grandſelve, des droits qu'ils avoient ſur la Terre & Seigneurie d'Argombaud, ainſi qu'il a été dit.

8°. *Navarre* de Preiſſac, appellée Mademoiſelle de Montgaillard, fut mariée avec Noble *Arbrieu* de Caſtelnau, leſquels rendirent hommage à *Jean*, Comte d'Armagnac, le Dimanche après *la Saint Martin* d'hyver 1319, de la portion des terres de Preiſſac & de Montaſtruc, qui appartenoient à la Dame *Navarre*, conjointement avec *Vital* de Preiſſac de Montgaillard, ſon frere (1).

(1) Archives d'Eſclignac.

V I.

Raimond-Arnaud DE PREISSAC, II du nom, Damoiſeau, Seigneur de Brignemont, Marſac, Caſtelmayran, Saint-Michel de la Corneille, Montgaillard, Serignhac, &c. fils d'autre *Raimond-Arnaud* de Preiſſac & de dame *Harpadelhaſe* d'Argombaud, fut compris dans une Sentence arbitrale, datée du Château de Brignemont, le 8 Août 1264, portant que *Bernard* de Bac, Abbé & les Religieux de Grandſelve, ſe démettoient en faveur de dame *Harpadelhaſe* & de lui *Raimond-Arnaud* de Preiſſac, ſon fils, de tous les droits que ce Monaſtere prétendoit avoir ſur les deux parties du Château & Territoire d'Artmal & de l'Egliſe de *Saint Mimin* (2). Et le lendemain 9 Août, la même Dame & *Raimond-Arnaud*, ſon fils, firent un acte à l'Abbé & aux Religieux de Grandſelve, par lequel ils leur permirent de faire paître leurs beſtiaux dans toutes les terres que les Seigneur & dame de Preiſſac poſſédoient dans les Vicomtés de Lomagne & de Gimois, de couper du bois dans leurs Forêts, & d'y faire conſtruire des cabanes pour les Paſteurs (3).

(2) Archives de Grandſelve.

(3) Ibid.

Le même *Raimond-Arnaud* de Preiſſac fit un autre acte aux

Religieux de l'Abbaye de Belleperche le 2 Février 1267, pardevant *Pierre-Guilhaume* de Martel, Notaire de Toulouſe, conjointement avec *Montagis* d'Argombaud & *Aſſius* de Cucmont, portant déclaration que, tant eux que leurs ancêtres, avoient été les Patrons & Fondateurs de cette Abbaye, & lui avoient donné le lieu & terroir où elle eſt bâtie, ainſi que les honneurs & Terres de Larrazet, de Belleperchette, de la Grange-neuve, de Garganvilar, de Veyriers, de la Cogenca & autres (1). Le même jour ils conſentirent un ſecond acte aux mêmes Religieux, portant atteſtation que les Seigneurs de Preiſſac, d'Argombaud & de Cucmont, avoient toujours tenu à foi & hommage des Comtes de Toulouſe, ſous la redevance d'une lance à chaque mutation de Seigneurs, les terroirs, honneurs & autres biens qu'ils avoient donnés à l'Abbaye de Belleperche, lorſqu'ils la fonderent (2). *Guilhaume* Gofre Abbé & les Religieux, donnerent à leur tour, le même jour 2 Février 1267, une atteſtation aux trois Seigneurs ci-deſſus nommés, par laquelle ils reconnurent la vérité du contenu des deux précédens actes, & que tant eux que leurs ancêtres avoient été les Fondateurs de leur Abbaye, & leur avoient donné le lieu, terroirs & honneurs ci-devant rapportés (3). Les mêmes Religieux étant en conteſtation avec les Habitans de Serignhac, relativement au chauffage, pâturage & Eaux que ces Religieux prétendoient avoir audit lieu, ſe ſoumirent, ainſi que les Habitans, au jugement & arbitrage des Seigneurs *Raimond-Arnaud* de Preiſſac Damoiſeau, de ſon beau-frere *Bernard* de Beſſens Chevalier, & de *Raimond-Bernard* d'Argombaud Damoiſeau, qui les mirent d'accord, en fixant leurs droits reſpectifs, par une Sentence arbitrale du 11 de la ſortie de Novembre 1268 (4).

(1) Archives de Belleperche.

(2) Ibid.

(3) *Ibid.*

(4) *Ibid.*

Raimond-Arnaud de Preiſſac, étoit Co-Seigneur de la Terre

de Serignhac dans le Bailliage de Verdun, Diocèse de Toulouse, suivant un hommage rendu au Roi PHILIPPE III en Novembre 1271 (1). On voit par deux procès-verbaux datés du 5 Juillet 1308, retenus par *Pierre* Lombard, Notaire Royal & Apostolique, que les puissans Seigneurs *Bernard-Jourdain* de l'Isle, & *Jourdain* de l'Isle, Seigneur de Montgaillard, freres, se faisant la guerre pour la succession de leur mere *Guilhemette* de Durfort; la contestation ayant été soumise de part & d'autre en arbitrage, il fut convenu qu'en attendant la décision qui en résulteroit, les forteresses & châteaux dépendans de cette succession, seroient remis en dépôt à noble homme *Raimond-Arnaud* de Preissac Damoiseau (*). Ce qui fut exécuté par noble homme *Gaston* d'Armagnac, Vicomte de Fezensaguet, tenant le parti de l'un des Seigneurs de l'Isle : il sortit avec sa garnison du Château de Douple, vint au-devant du Seigneur de Preissac, & lui remit les clefs du Château. Il en fut usé de même pour le Château de Clermont, de la part du Seigneur *Guilhaume* de Caumont qui le défendoit (2).

(1) Annales de la Ville de Toulouse. *Saisimentum*, p. 26.

Raimond-Arnaud de Preissac, conjointement avec autre *Raimond-Arnaud* dit le Jeune, son fils, nommé dans cet acte Brignemont, donna des Coutumes aux Habitans de sa Terre de Brignemont, par acte du 3 Juin 1310, passé devant *Bernard* Grandi, Notaire de Cologne, en présence de *Vital* de Preissac Damoiseau, appellé de Montgaillard, son frere, Seigneur d'Esclignac (3).

(2) Expédition en forme, prise sur l'original aux Archives de la Tréforerie de Montauban.

Le Seigneur *Raimond-Arnaud* épousa *Marie* de Durfort, fille de *Bernard* de Durfort, des Maréchaux de Duras & de Lor-

(3) Expédition en forme prise sur l'original au dépôt des titres de la Communauté de Brignemont.

(*) Indépendamment des alliances directes d'entre les Seigneurs de l'Isle & de Preissac, il y en avoit une par la femme de *Raimond-Arnaud* de Preissac, nommée *Marie* de Durfort, de même Maison que *Guilhemette* de Durfort, Dame de Clermont, mere des Seigneurs de l'Isle, dont les biens faisoient le sujet de cette contestation.

(1) Hist. de la Maison de Faudoas, p. 129.

ges (1), & de *Bertrande* de Toulouse, Dame de Deyme. Il vivoit encore en 1322, & n'existoit plus en 1336. Il laissa de son mariage avec la Dame de Durfort:

1°. *Raimond-Arnaud* de Preissac Chevalier, dit le Jeune, pour le distinguer de son pere, dont il fut héritier, Seigneur de Brignemont, Marsac, Castelmayran, Saint-Michel de la Corneille, Montgaillard, Serignhac en partie, ainsi que de Preissac, Lupiac, &c. Capitaine d'une compagnie d'hommes d'armes, *Maréchal de l'Ost* ou de l'armée du Roi en Guyenne & Languedoc (*), avoit assisté aux Coutumes données, comme il a été dit, par *Raimond-Arnaud* son pere, le 3 Juin 1310, aux Habitans de la Terre de Brignemont. Il consentit une obligation le 12 Août 1336, en faveur des Religieux de Belleperche, de la somme de 30 liv. de petits tournois, pour raison d'un legs à eux fait par *Raimond-Arnaud* de Preissac son pere; & le même jour 12 Août 1336, il fonda une messe de *Requiem*, pour être célébrée chaque jour à perpétuité dans l'Eglise du Monastere de Belleperche, pour le repos de son ame & de celle de feu *Raimond-Arnaud* de Preissac son pere, & autres ses parens décédés; donnant pour cet effet à *Bertrand* Abbé & aux Religieux, cent sols tournois de rente annuelle, payable au jour & fête de *Saint Martin*, qu'il affecta sur les revenus de sa Terre de Serignhac (2).

(2) Archives de Belleperche.

Le Seigneur *Raimond-Arnaud* de Preissac, & *Raimond-Ber-*

(*) Le Pere Daniel, dans son Histoire de la Milice Françoise, T. 1, page 177, rapporte un Extrait des titres de Bourbon, de la Chambre des Comptes de Paris, qui après avoir établi le droit du Connétable dans les Armées, continue ainsi. » *Item.* Les Maréchaux de l'Ost sont dessous lui & ont leur Office distincte, de » recevoir les Gens d'armes, Ducs, Barons, Chevaliers, Ecuyers, & leurs Com- » pagnons. Le même Auteur, T. 2. p. 28, en fait l'application aux Maréchaux de » France, pour lors amovibles & par simple commission, il les désigne par la déno- » mination de Maréchal d'Ost «.

nard,

nard dit de Brignemont, ſon frere, d'une part, *Beraud* de Faudoas & *Scot* de Seguenville, d'autre part, paſſerent une tranſaction au Château de Maubec le pénultieme Juin 1341, pour raiſon de leurs droits reſpectifs dans la Terre de Lupiac, par la médiation de puiſſant & magnifique Seigneur *Bertrand* de l'Iſle Chevalier, dans laquelle tranſaction ſe trouve nommée pour confront la Terre de Gariés, appartenante à *Odhom* de Preiſſac (1).

(1) Expédition du titre original, aux Archives de Seguenville.

Le même *Raimond-Arnaud* de Preiſſac Damoiſeau, Seigneur de Brignemont, & *Bertrand* de Preiſſac ſon frere, Prieur du Bourg de *Saint Bernard*, & Co-Seigneur de Serignhac, aſſignerent ſur les revenus des Seigneuries de Preiſſac & de Serignhac, par acte du 24 Mai 1347, une rente annuelle de cent ſols tournois, que *Raimond-Arnaud* de Preiſſac leur pere avoit affectée à une Chapellenie par lui fondée dans l'Egliſe de Belleperche, où il avoit été enterré, laquelle il vouloit être deſſervie par un Religieux de cette Abbaye (2).

(2) Archives de Belleperche.

Raimond-Arnaud de Preiſſac Chevalier, donna quittance ſcellée du ſceau de ſes armes, le 18 Juin 1348, à *Jean* Chauvel, Tréſorier des Guerres, pour ce qui lui étoit dû ſur ſes gages, & pour ceux de quinze Ecuyers & trente-deux Sergens de pied de ſa compagnie, deſſervis & à deſſervir ès Guerres de Gaſcogne (3).

(3) Bibiotheque du Roi, Tit. ſcellés de Gainieres.

On trouve auſſi une quittance du 2 Février 1351, faite par *Bertrand* de Faudoas, Chevalier, Seigneur de Pordeac, & *Menaud* de Vicmont, Seigneur de Tournecoupe, en faveur de *Raimond-Bernard* d'Argombaud, Seigneur de Balignac, Procureur fondé de *Raimond-Arnaud* de Preiſſac, Chevalier, Seigneur de Brignemont & de Marſac, de la ſomme de 200 liv. tournois, que *Marguerite* de Vicmont, ſœur de *Jean*, & femme de *Guillaume-Bernard* de Cucmont, Seigneur de la Motte Cucmont, leur avoit donnée à prendre ſur la dot qui avoit été conſtituée à la Dame *Marguerite* de Vicmont, lorſqu'elle fut accordée en mariage avec *Raimond-Bernard* de Preiſſac, Chevalier, Co-Seigneur de Saint Michel de la Corneille (1).

(1) Archives de Seguenville.

Raimond-Arnaud de Preiſſac fut toujours uni, & vêcut intimement avec le Comte d'Armagnac, que le Roi JEAN avoit nommé ſon Lieutenant en Languedoc, & auquel ce Monarque avoit confié le commandement de ſon armée dans ſes Provinces méridionales, dans la guerre contre les Anglois. *Raimond-Arnaud* étoit *Maréchal de l'Oſt*, ou de l'armée, & reçut en cette qualité le 16 Janvier 1352, de *Jacques* Lempereur, Tréſorier des Guerres, la ſomme de 200 liv. tournois « pour don à » lui fait par ordre du Comte d'Armagnac, Lieutenant du Roi » ès parties du Languedoc, en récompenſe des bons & loyaux » ſervices par lui rendus en cette guerre, & auſſi pour les frais » & dépenſes qu'il lui avoit convenu de ſoutenir, à cauſe de » ſon office de *Maréchal d'Oſt*. Donné à Caſtelſarazin le ſuſdit » jour, ſous le ſceau d'Armagnac (2) ». Le Comte d'Armagnac ayant aſſemblé ſon armée à Caſtelſarazin vers le commencement de l'année ſuivante, entreprit au mois de Février 1353 le ſiege de la Ville de *Saint Antonin*, ſur la frontiere du Toulouſain & de l'Albigeois occupée par les Anglois; mais cette expédition étant devenue plus longue & plus difficile qu'il n'avoit cru, & les affaires de ſa Lieutenance l'appellant ailleurs, il laiſſa le commandement de l'armée & la continuation du ſiege à *Raimond-Arnaud* de Preiſſac, *Maréchal d'Oſt* & autres Généraux (*). Et ſe rendit à Najac, où il avoit convoqué les

(2) Biblioth. du Roi, Tit. ſcellés de Gainieres.

(*) Ce fait eſt rapporté par les Auteurs de l'Hiſtoire G. de Languedoc, T. 4 p. 279 & 180; mais ils l'attribuent, par erreur, à *Bermond-Arnaud* de Preiſſac, ce qui eſt contraire aux titres originaux vus & vérifiés à la Bibliotheque du Roi. *Tit. ſcellés de Gainieres*.

Communes de Languedoc, dans le dessein de leur demander un subside pour la continuation de la guerre ; Il y eut à-peu-près dans ce même tems, un traité fait entre le Comte d'Armagnac, *Raimond-Arnaud* de Preissac & *Menon* de Castelpers d'une part, *Jean-Eimeric*, Chevalier, *Jean* Cressol, leurs compagnons & Rote d'autre part ; par lequel traité *Jean-Eimeric* & *Jean* Cressol, leurs compagnons & Rote, promirent d'aider le Seigneur d'Armagnac & ses alliés, dans les guerres contre leurs ennemis, & de leur remettre le Comte de Mirepoix, s'ils pouvoient le prendre ; & le Seigneur d'Armagnac promit de son côté, de leur donner cinq mille florins d'or aux termes convenus, & de leur rendre les prisons qui leur avoient été prises, &c. (1). Le même *Raimond-Arnaud* de Preissac, Chevalier, *Maréchal d'Ost*, reçut de *Jacques* Lempereur, Trésorier des Guerres, cent écus d'or, » en déduction & rabat de deux cens écus d'or, » que le Comte d'Armagnac, Lieutenant du Roi ès parts de Lan- » guedoc, lui avoit fait donner pour aller de son commandement » ès parties de Perigord & d'Agenois, faire certaines choses au » profit du Roi «, suivant sa quittance donnée à Marsac le susdit jour, scellée du sceau de Preissac (2). Au mois de Mai de la même année, le Comte d'Armagnac instruit de la marche du Prince de Galles, qui avoit penétré en Languedoc, & porté la désolation dans cette Province, rassembla ses troupes, & se porta à Agen, dans le dessein de couper au Prince Anglois sa retraite sur Bordeaux ; mais ce dernier trompa par des ruses, la vigilance du Comte, dans l'armée duquel *Raimond-Arnaud* de Preissac faisoit toujours l'office de Maréchal d'Ost (3). Celui-ci donna quittance scellée de son sceau au Trésorier des Guerres le 29 Août 1357, de la somme de deux cens cinquante livres tournois, tant pour don à lui fait par le Comte d'Armagnac,

(1) Biblioth. du Roi, Tit. de Doat. vol. 194, fol. 269.

(2) Biblioth. du Roi, Tit. scellés de Gainieres.

(3) Hist. G. de Languedoc, T. 4, p. 283 & 284.

en sa qualité de Lieutenant du Roi en Languedoc ; que pour augmentation de 34 liv. de prêt (1).

(1) Biblioth. du Roi, Tit. scellés de Gainieres.

Raimond-Arnaud de Preissac fut marié du consentement & en présence de son pere, par contrat du 14 de l'issue de Janvier 1322, passé devant Laureto, Notaire de Brignemont, avec *Realle* de Faudoas, fille de *Beraud*, Seigneur d'Avensac, & de *Bertrande* de Vicmont, en présence & du consentement de *Bertrand* de Faudoas son frere, qui promit de faire solemniser le mariage, conformément aux conventions faites dans son propre contrat de mariage avec *Jeanne* de Preissac, sœur de *Raimond-Arnaud*, futur époux (2). *Realle* de Faudoas donna quittance le 4 de la sortie de Mai 1325 à *Bertrand* son frere, de la somme de 1200 livres, tant pour un legs à elle fait par feu *Beraud* de Faudoas, leur pere commun, que pour le supplément de légitime, & augmentation de la dot à elle constituée dans son contrat de mariage avec le Seigneur de Preissac (3), lequel fut présent avec *Arnaud* de Lomagne, Seigneur de Gimadois, & avec *Beraud* de Faudoas, à un acte passé au Château d'Avensac le 5 Octobre 1357, portant donation par *Jeanne* de Faudoas, en faveur de *Beraud* son frere aîné, de tous les droits qu'elle pouvoit prétendre sur les biens dotaux de *Jeanne* de Preissac leur mere, sœur du Seigneur de Preissac, qui prend dans cet acte, ainsi que les Seigneurs de Lomagne & de Faudoas, la qualité de Chevalier, noble homme & puissant Seigneur (4).

(2) Archives de Seguenville.

(3) *Ibid.*

(4) Histoire de la Maison de Faudoas, p. 131.

Raimond-Arnaud de Preissac est qualifié de même dans son testament, fait au Château de Marsac devant *Bernard* de Michel, Notaire de Brignemont, le 4 Octobre 1363, par lequel il ordonne sa sépulture en l'Eglise de l'Abbaye de Belleperche dans le tombeau de noble homme & puissant Seigneur *Rai-*

mond-Arnaud de Preiſſac ſon pere, & autres ſes ancêtres & parens, où il veut être enterré avec ſes armes & ornemens de couleur pourpre, & une certaine quantité de torches de cire: Ce teſtament contient un legs de douze florins d'or, fait au Couvent de Belleperche, tant à raiſon de ſa ſépulture, que pour faire célébrer des meſſes & dire des prieres pour le repos de ſon ame & celles de ſes parens, & encore un ſecond legs de cinq florins d'or à l'Abbé du même Couvent, toujours à la charge de célébrer des meſſes pour le même ſujet (1).

(1) Archives de Belleperche.

Il ne laiſſa point de poſtérité de ſon mariage avec la Dame de Faudoas, de la naiſſance de laquelle on ne dit rien, la Généalogie imprimée de ſa maiſon, un des ouvrages de cette nature le plus eſtimé, l'ayant aſſez fait connoître.

Il paroît que ce fut autre *Arnaud-Bernard* de Preiſſac, dit *Robert*, ſon frere, qui hérita de tous ſes biens.

2°. *Raimond-Bernard* de Preiſſac, Chevalier, Co-Seigneur de Saint Michel de la Corneille, de Lupiac, &c. préſent à un acte du 24 Mai 1347, déja rapporté dans le précédent article, paſſé par deux de ſes freres, *Raimond-Arnaud*, dont on vient de parler, & *Bertrand*, Prieur du Bourg de *Saint Bernard*, eut lui-même part, conjointement avec *Raimond-Arnaud* de Preiſſac ſon frere, dit le *Jeune*, à une tranſaction faite par la médiation du Seigneur *Bertrand* de l'Iſle, Chevalier, au château de Maubec, le pénultieme Juin 1341, avec *Beraud* de Faudoas & *Scot* de Seguenville, pour raiſon de leurs droits reſpectifs dans la Terre de Lupiac (2).

(2) Archives de Seguenville.

Raimond-Bernard de Preiſſac fut marié avec *Marguerite* de Vicmont, d'une des meilleures maiſons de Guyenne, ſœur de *Jean* de Vicmont, Seigneur de Pordeac; il n'en eut point d'enfans, ce qui ſe vérifie par une donation qu'elle fit le 2 Février 1351, devant Paſchal Notaire, en faveur de *Bertrand* de Faudoas, Seigneur d'Avenſac, ſon couſin, & de *Menaud* de Vicmont, Seigneur de Tournecoupe, ſon neveu, de la ſomme de 350 liv. de petits tournois, à prendre ſur la dot à elle conſtituée par *Jean* de Vicmont ſon frere, dans ſon contrat de mariage avec *Raimond-Bernard* de Preiſſac, Chevalier, Co-Seigneur de *Saint Michel* de la Corneille, ſon premier mari, la Dame de Vicmont pour lors remariée avec *Guilhaume-Raimond* de Cucmont, Seigneur de la Motte-Cuçmont (1); & le même jour *Bertrand* de Faudoas, faiſant tant pour lui que pour *Jean* & *Menaud* de Vicmont, Seigneurs de Pordeac & de Tournecoupe, donna quittance à *Bernard* d'Argombaud, Seigneur de Ballignac, Procureur fondé de *Raimond-Arnaud* de Preiſſac, Chevalier, dit le *Jeune*, Seigneur de Brignemont & de Marſac, de la ſomme de 250 liv. tournois, à compte de celle de 1250 livres qu'il devoit à la Dame de Vicmont, pour la reſtitution de ſa dot (2).

(1) Archives de Seguenville.

(2) *Ibid.*

3°. *Bertrand* de Preiſſac, Prieur du Bourg de *Saint Bernard*, Co-Seigneur de Serignhac, paſſa un acte conjointement avec *Raimond-Arnaud* de Preiſſac, dit le *Jeune*, ſon frere, le 24 Mai 1347, déja rapporté.

4°. *Raimond-Arnaud* de Preiſſac, Chevalier, ſurnommé *Robert*, pour le diſtinguer de ſon pere & de ſon frere, fils d'autre *Raimond-Arnaud* & de Dame *Marie* de Durfort, Seigneur, après ſes freres, de Brignemont, de Marſac, Deyme, Caſtelmayran, Saint Michel de la Corneille, Montgaillard, Maumuſſon, de Culture, de Saumont, de Popas, de Margout, d'Andoazac, &c. fut marié avec *Brune* de Lomagne, ſœur d'*Eſpan* de Lomagne, comme on le verra par les actes qui ſeront rapportés ci-après. Tout le monde ſçait que les Vicomtes de Lomagne étoient du nombre des Seigneurs poſſédants les grands fiefs de Guyenne, qui avoient conſervé des privileges de Souveraineté, & qui joignoient cet avantage à l'ancienneté de leur naiſſance & aux plus belles alliances.

Raimond-Arnaud de Preiſſac, dit *Robert*, fit ſon teſtament à Solomiac le 15 Octobre 1367, devant Paſchal, Notaire Royal de ce lieu, dans lequel il prend la qualité de Chevalier, noble & puiſſant Seigneur, & ordonne ſa ſépulture dans l'Egliſe du Monaſtere de Belleperche, au tombeau de noble & puiſſant Seigneur *Raimond-Arnaud* de Preiſſac, Chevalier, ſon pere, & de ſes ancêtres, où il veut être enterré ſimplement & ſans grande pompe, laiſſant en offrande ſon cheval, ſes armes, une piece de drap pourpré & vingt torches de cire; & s'il arrivoit qu'il décédât hors de ſa patrie, ou que par quelque événement imprévu il fût enterré ailleurs, ordonne que l'on lui faſſe dans ce Monaſtere, les honneurs funebres avec les offrandes ſuſdites pour le ſalut de ſon ame; veut en outre que ſur ſes biens & ſur ceux de ſes nobles ancêtres, ſoit payé premierement & avant toutes choſes, tous & chacuns les legs faits en faveur des Deſſervans les lieux pies, par le feu Seigneur *Raimond-Arnaud* de Preiſſac de bonne mémoire, ſon pere, & par feue noble Dame *Marie* de Durfort ſa mere; après quoi le Teſtateur ordonne qu'il ſoit diſtrait de ſes biens 3000 florins d'or, par forme de legs & de reſtitution, dont il en ſera diſtribué 300 dans l'année de ſon décès par ſes exécuteurs teſtamentaires, pour marier des pauvres filles à choiſir dans ſes Terres & Seigneuries de Brignemont, Marſac, Deyme, Caſtelmayran, Saint Michel de la Corneille, & autres auxquelles il a part, & par préférence à celles deſdites filles qui en auront le plus de beſoin, ſuivant l'avis des Conſuls & prudhommes des lieux; voulant que le ſurplus des 3000 florins d'or ſoit diſtribué premierement, au Couvent de Belleperche 60 florins d'or une fois payés pour ſa ſépulture & pour des meſſes qui ſeront célébrées par les Religieux de ce Couvent, & le reſtant ſera employé tant à des legs pies qu'à reconnoître les ſervices à lui rendus par ſes domestiques. Institue pour ses héritiers universels les quatre Ordres Mendians & Religieux des Couvens des Freres Prêcheurs, des Freres Mineurs, des Freres de Saint Augustin, & des Freres de Notre-Dame de Mont-Carmel de Toulouse, par égales portions; mais comme le Testateur est instruit que ces Ordres Religieux ne peuvent ni ne doivent garder ses biens fonds étant gens de main-morte, ordonne qu'ils soient vendus après son décès par ses exécuteurs testamentaires, & que du prix de la vente du lieu de Deyme, pour la partie qui lui appartient, on acquitte premierement tous les legs faits par feu noble *Raimond-Arnaud* de Preissac, Chevalier, son pere, de bonne mémoire, & par Dame *Marie* de Durfort sa mere, ensemble les 3000 florins d'or par lui légués pour marier des pauvres filles & pour ses serviteurs; voulant que dans le cas où le prix de la Terre de Deyme ne suffiroit point, il y soit suppléé par celui que l'on retirera de Castelmayran; ordonne de plus que ses autres Terres & Châteaux de Brignemont en Gimois, Marsac, Saint Michel de la Corneille en Lomagne, Maumusson, Culture, Saumont & ses redevances de Popas, de Margout, de Sempesserres, d'Andoazac & tous ses autres biens, soient vendus par ses exécuteurs testamentaires, & le prix en provenant employé à l'acquit de ce qui se trouvera dû, soit par lui ou pour les héritiers du feu Seigneur *Raimond-Arnaud* de Preissac son pere, de bonne mémoire, & que le reste du montant de la vente de ses Terres soit divisé par égales parts, & livré à ses héritiers institués, pour réparer leurs Maisons & Couvents, bâtir des Chapelles, & acheter des ornemens d'Eglise, afin de célébrer désormais à perpétuité le culte divin dans leurs Monasteres en l'honneur de Dieu, de la Bienheureuse Vierge *Marie* sa glorieuse Mere, de Saint Michel Archange, & de tous les Saints, pour le salut de son ame & de celles de ses pere & mere, laissant

ſant le reſte à la volonté de ſes exécuteurs teſtamentaires ; ordonne expreſſément, autant qu'il lui eſt poſſible, & recommande que tous les articles du préſent teſtament ſoient exécutés, ſans qu'il s'éleve aucune diſpute, contradiction, ni empêchement de la part de ſa famille, parenté ou autres, & a nommé pour ſes exécuteurs teſtamentaires, le Prieur Grand Provincial des Freres Prêcheurs de Toulouſe, & le Cuſtode ou Gardien des Freres Mineurs de la même Ville (1).

(1) Archives de Belleperche.

Raimond Arnaud de Preiſſac vêcut encore quelque tems après ce teſtament. Le Duc d'Anjou, frere du Roi CHARLES V, lui adreſſa un Mandement pour recevoir la montre de *Bertrand* de Durfort, Seigneur de la Chapelle ; mais il étoit mort lorſque ce Mandement arriva, ce qui ſe voit dans une ſemblable Commiſſion ou Mandement, donné à Toulouſe le 13 Octobre 1370 (2) (*).

(2) Cabinet des Ordres du Roi.

On trouve un acte d'accord fait le 4 Août 1374, devant *Pierre* Vinhal, Notaire de Toulouſe, entre *Jean* de Faudoas, Chevalier, d'une part ; & dame *Brune* de Preiſſac, femme de *Barrau* du Bouzet, Seigneur du Caſtera, d'autre part, qui promirent de s'en rapporter à la médiation & jugement d'*Arnaud* de Lomagne, Seigneur de Jumat, & d'*Odon* de Montaut, Seigneur de Gramont, ſur les conteſtations qui s'étoient élevées entr'eux au ſujet de quelques biens qui avoient appartenu à *Raimond-Arnaud*, autrement *Robert* de Preiſſac, &

(*) Outre que ce Teſtament eſt celui d'un grand Seigneur, il porte auſſi tous les caracteres d'un Militaire, agité de quelques ſcrupules ſur la vie licencieuſe qu'il a menée ; reproches qu'il veut adoucir par la nature des diſpoſitions de ſes biens : il prévoit, dans cet acte, qu'il pourroit ne pas mourir dans ſa Patrie ; cette circonſtance, jointe à la commiſſion à lui donnée depuis cette époque, pour recevoir la montre de *Bertrand* de Durfort, prouve qu'il ſervoit encore à ſa mort. On peut auſſi augurer de ce qu'il ne paroît dans ſa Province que depuis celle de ſes freres, que ſes ſervices l'avoient retenu ailleurs.

auparavant, à *Raimond-Bernard* de Preiſſac, qui fut Seigneur de Saint-Michel de la Corneille, leſquels biens avoient été acquis des héritiers de *Raimond-Arnaud*, dit *Robert* de Preiſſac, par *Beraud* de Faudoas, pere de *Jean* (1). Il y eut encore un acte fait au Château de Plieux, en Lomagne, le 21 Octobre 1374, par lequel *Beraud* de Faudoas, Chevalier, Seigneur d'Avenſac, & *Bertrand* de Faudoas, ſon frere, compromirent, en la perſonne de *Jean*, Comte d'Armagnac, les différends qu'ils pourroient avoir, avec leurs couſins, à l'occaſion de la ſucceſſion de *Raimond-Arnaud*, dit *Robert* de Preiſſac (2). Et le 29 du même mois d'Octobre 1374, il fut paſſé une tranſaction au même Château de Plieux, devant *Pierre* Auzane, Notaire, entre *Jean* & *Beraud* de Faudoas, freres, fils de feu *Beraud*, Seigneur de Faudoas, *Bertrand* de Faudoas, Seigneur de Bivés, & *Beraud* de Faudoas, Seigneur d'Avenſac, ſur les conteſtations qu'ils avoient concernant les biens de feu *Raimond-Arnaud*, Alias, *Robert* de Preiſſac, Seigneur de Brignemont, qui avoit fait un teſtament retenu par Me *Jean* Paſchal, Notaire, & inſtitué ſes héritiers univerſels, quatre ordres des pauvres Religieux de Toulouſe, qui avoient vendu à feu *Beraud* de Faudoas, Chevalier, Seigneur de Faudoas, une portion de cette ſucceſſion, laquelle avoit enſuite été donnée en échange, à Excellent & Magnifique Seigneur JEAN, Comte d'Armagnac (3). Le 10 Mars 1376, il fut paſſé un accord devant *Guilhaume* Duprat, Notaire, entre *Geraud*, Abbé & les Religieux de Belleperche, d'une part, *Beraud* de Faudoas, Seigneur d'Avenſac, & *Bertrand* de Faudoas, ſon frere, Co-Seigneur de Bivés, d'autre part, par lequel accord il fut dit que, le feu Seigneur *Robert* de Preiſſac, Seigneur de Brignemont, avoit conſtitué une rente annuelle & perpétuelle, amortie, de 10 livres tournois, pour deux Chapellenies fondées dans

(1) Archives de Seguenville.

(2) Hiſt. de la Maiſon de Faudoas, p. 137.

(3) Archives de Seguenville.

le Monaſtere de Belleperche, par *Raimond-Arnaud* de Preiſſac, ayeul de *Robert*, & par *Raimond-Arnaud*, pere du *même Robert*, les arrérages de laquelle rente étoient dus à ce Monaſtere, ainſi que quelques legs en argent faits par les défunts Seigneurs de Preiſſac, ce qui donnoit lieu à une conteſtation entre l'Abbé de Belleperche & les Couvents des quatre ordres des Religieux Mendians de Toulouſe; mais comme *Beraud* & *Bertrand* de Faudoas tenoient une partie de cette hérédité, ils s'obligerent de payer au Monaſtere de Belleperche une rente annuelle & perpétuelle de 5 livres tournois, pour leur portion des ſuſdites Chapellenies. Enſemble une ſomme de 450 francs d'or, pour tous les arrérages de la rente & autres legs pies faits à ces Religieux, qui réſerverent que ſi les 100 francs d'or qui avoient été aſſignés à leur Couvent par *Robert* de Preiſſac, pour le legs particulier fait par le Seigneur *Raimond-Bernard* de Preiſſac & par ſa femme, n'étoient point acquittés de la part de *Barrau* du Bouzet, Seigneur du Caſtera, les Seigneurs de Faudoas en payeroient leur portion (1).

Le 15 Novembre 1384, *Eſpan* de Lomagne, Damoiſeau, faiſant pour dame *Brune* de Lomagne, ſa ſœur, veuve de *Robert* de Preiſſac, Chevalier, Seigneur de Brignemont, donna quittance à *Jean* de Faudoas, Chevalier, héritier en partie du Seigneur *Robert* de Preiſſac, de la ſomme de 80 francs d'or, pour la reſtitution d'une partie de la dot de dame *Brune* de Lomagne (2). Qui donna elle-même une quittance finale au même Seigneur de Faudoas, le 12 Novembre 1391, de la ſomme de 10 francs d'or, pour reſte de ſa dot (3).

Raimond-Arnaud de Preiſſac, dit *Robert*, n'eut point d'enfans de ſon mariage & fut le dernier des mâles, de la branche des Seigneurs de Brignemont: Car l'Hiſtorien de la Maiſon de Faudoas, imprimé à Montauban en 1724, dit, parlant de cette

(1) Archives de Belleperche.

(2) Archives de Seguenville.

(3) *Ibid.*

branche, p. 130, qu'il ne connoît, lorſqu'il écrit, d'autres Seigneurs du nom & Armes de Preiſſac, que ceux d'Eſclignac, Diocèſe de Lectoure.

5°. *Jeanne* de Preiſſac, fut mariée par contrat du 4 de l'iſſue de Janvier 1322, avec *Bertrand* de Faudoas, Seigneur d'Avenſac, ainſi que l'on l'a vu dans les actes rapportés ci-deſſus.

6°. *Brune* de Preiſſac, mariée avec Barrau du Bouzet, Seigneur du Caſtera. Elle paſſa une tranſaction, comme on l'a dit, le 4 Août 1374, avec *Jean* de Faudoas, Chevalier, par la médiation *d'Arnaud* de Lomagne, Seigneur de Jumat & *d'Odon* de Montaut, Seigneur de Gramont, ſur des conteſtations formées au ſujet de certains biens, ayant appartenu à *Raimond-Arnaud*, dit *Robert* de Preiſſac, & auparavant à *Raimond-Bernard* de Preiſſac, Seigneur de Saint-Michel de la Corneille.

BRANCHE DES SOUDANS DE LATRAU, OU SOUDICH DE L'ESTRADE,

Qu'on a vérifiés être les mêmes (*).

V I.

Arnaud-Bernard DE PREISSAC, qualifié Chevalier, Baron & Soudan, Seigneur de Seran, Bajonnette, Lados, La-

(*) Cela avoit déja été reconnu par M. de Clerambault, ſuivant les notes qu'il en a laiſſées dans le Cabinet des Ordres du Roi. C'étoit vraiſemblablement un titre de dignité qui venoit des guerres de la Terre Sainte. Voyez la Bibliotheque Orientale d'Herbelot, p. 825, & la conquête de Conſtantinople, avec les notes de Ducange. L'Hiſtoire de la Nobleſſe Françoiſe par M. le Vicomte **** où il eſt dit, page 444, en parlant de cette qualité, de celles de Captal de Buch, & de Damoiſeau de Commarchies; » Dénominations de puiſſance & d'autorité particuliere à quelques Provinces, très-honorables aux Maiſons où elles ont été héréditaires «.

trau, Preissac, Labarton, Arcujus, Ensernes, &c. Sénéchal ou Grand Bailli de Lomagne & Gouverneur dudit pays, ainsi que de la Comté de Gaure, Saux & Torrebren, de la Châtellenie de Saint-Clar & du Château de Grandpuis. 2e fils de *Raimond-Arnaud* de Preissac & de *Harpadelhase* d'Argombaud, habita la partie de la Guienne, soumise à la domination Angloise, & fut attaché, par cette raison, à cette Puissance, ainsi que sa branche. Il donna des Coutumes le 19 Février 1272, aux Habitans de la terre de Seran, qu'*Odhom* de Preissac, son oncle, avoit soumise au Roi LOUIS VIII, en 1226, comme on l'a dit: ces Coutumes furent souscrites par autre *Odhom* de Preissac, frere d'*Arnaud-Bernard* (1). Celui-ci, livré au parti d'*Edouard* I, Roi d'Angleterre, fut nommé par ce Monarque son Grand Bailli de Lomagne, de la Comté de Gaure, Saux & Torrebren, par Lettres du 2 Mai 1288 (2). Il fut présent à un Réglement fait par les Habitans de la Ville de Lectoure, leurs Procureurs & Syndics, pendant l'Octave du Saint-Esprit, avant la Fête de Sainte Catherine, Vierge, l'an 1288 (3). Il fut aussi présent à un Réglement fait par les Habitans de la Ville de Condom, le Dimanche avant la Sainte Catherine, même année 1288, où il est qualifié *Gallois* de Preissac (4) (*). Le Roi *Edouard* I, adressa une Commission au Seigneur *Arnaud-Bernard* de Preissac, Chevalier, son Bailli de Lomagne, le 11 Mars 1289, au sujet du Château de Mansumville (5). Et une autre Commission, le 7 Avril suivant, où il

(1) Archives de la Tréforerie de Montauban.

(2) Catalogue des Rôles Gascons, T. 1, p. 23.

(3) Rimer, T. 2, p. 398.

(4) *Ibid.*

(5) Archives de la Tour de Londres. *Rotulus Vasconie, anno 17. Edouardi I, pars 2, membrana* 20.

(*) Titre de dignité que prenoient dans ce tems-là plusieurs bonnes Maisons de Gascogne, & que l'on voit porter à *Gallois* de la Beaume, aux ordres duquel, & du Duc de Bourbon, le Roi *Philippe* de Valois envoya un Corps de Troupes en Bretagne, en 1346, au secours du Comte de Blois, contre le Comte de Montfort, soutenu de l'Angleterre. *Hist. de Bertrand Duguesclin, par M. Guyard de Berville, T. 1, p. 57.*

eſt qualifié Chevalier, Bailli de Lomagne & Châtelain de Grandpuis, par laquelle ce Monarque lui mande de retenir la dixme de *Sainte Marie* de Grandpuis, qui lui avoit été aſſignée, & de reſtituer à *Gaillard* de Beſole, Chevalier, celle de Peſſelecay, nouvellement occupée par les Anglois (1). Le 4 Mai ſuivant, le même Roi adreſſa des lettres aux Prélats, Barons, Chevaliers & autres Habitans de Lomagne, Comté de Gaure, Saux & de Torrebren, auxquels ce Prince fait ſçavoir qu'il a nommé Gouverneur de ſes Terres & Bailliages ſon amé & féal *Arnaud-Bernard* de Preiſſac, Chevalier, & leur ordonne d'avoir à lui répondre & ſecourir comme Bailli Supérieur, en tout ce qu'il appartiendra (2). Le même jour 4 Mai 1289, ce Roi fixa les gages du Seigneur *Arnaud-Bernard* de Preiſſac, à 10 ſols par jour, pour le Gouvernement des mêmes Bailliages de Lomagne, Comté de Gaure, Saux & de Torrebren (3). Il lui donna encore le 13 Juin de la même année, la garde & adminiſtration du Bailliage immédiat de Saint-Clar, à condition de faire compte à *Geraud*, Evêque de Leƈtoure, de 250 liv. bourdeloiſes que le Roi étoit tenu de lui payer, ſur leſquelles le Seigneur de Preiſſac retiendroit les gages à lui aſſignés pour la garde du Bailliage. Et le même jour 13 juin 1289, le Roi *Edouard* lui adreſſa des lettres, pour faire délivrer à *Arnaud* Gaſquet, Bourgeois de Grandpuis, trois Conquats de terre que ce Prince lui avoit donnés, pour lui & ſes ſucceſſeurs à perpétuité, ſous la charge de payer une lance avec un fer de morlas à chaque mutation de Seigneur, & deux ſols tournois noirs, chaque année, au Bailli de Grandpuis (4). Et encore des ſecondes lettres, le 26 du même mois de Juin, pour faire délivrer au même *Arnaud* Gaſquet, autres trois conquats de terre, que le Roi d'Angleterre lui avoit également donnés, ſous pareille redevance (5). Le 12 Août de l'année ſuivante 1290, le

(1) Archives de la Tour de Londres. *Rotulus Vaſconie, an. 17, Edouardi I, pars 2, membrana 19.*

(2) *Ibid. Rotulus Vaſconie, an. 17. Edouardi I, pars 2, membrana 12.*

(3) *Ibid.*

(4) *Ibid. Rotulus Vaſconie, an 17, Edouardi I, pars 1, membrana 12 & 14.*

(5) *Ibid. Rotulus Vaſconie, an. 18, Edouardi I, pars 1, membrana 4.*

même *Edouard* I, adressa des lettres à son Sénéchal de Gascogne & Préposé de Bazas, pour qu'il eût à maintenir, protéger, & défendre de toutes oppressions, griefs & nouveautés indues, *Arnaud* de Preissac & *Odhom* de Preissac, son frere, leurs droits & légitimes possessions qu'ils tenoient au lieu de Lados & ses appartenances, & au cas il y eût été forfait en quelque chose, d'avoir à y pourvoir sans délai (1). Le même *Arnaud-Bernard* de Preissac, fut nommé Exécuteur du testament de *Bernard* de Montlezun, par acte passé à Brignemont le 8 Novembre 1299 (2). Il rendit hommage le 4 Décembre 1303, devant *Guilhaume* Grimalt, Notaire de Bazas, à Haut & Puissant Seigneur *Amanieu* d'Albret, en qualité de Baron de Cazoneuve, pour raison du Château de Latrau & ses dépendances, situé au Diocèse de Bazas, & un second hommage le même jour également au Seigneur d'Albret, relativement au droit de dixme qui lui appartenoit dans la Paroisse de Preissac au même Diocèse, & encore un troisieme hommage, à cause des lieux appellés Emas & Villen, autrement l'Abarthon, Arcujus & Ensermes, avec tous leurs devoirs & appartenances (3).

L'on trouve des lettres d'*Edouard* I, données le premier Avril 1304, adressées à *Jean* de Haveraing, Sénéchal de Gascogne, par lesquelles il accorde permission à *Thibaut* de Preissac & à *Arnaud-Bernard* de Preissac, son neveu, de faire construire un Château fort, entre les deux mers, dans le district du Roi & sur leur sol de Preissac, dans la Paroisse de Doniac (4). Cette piece prouve la grandeur de la Maison de Preissac, puisque dans ce tems-là, on n'accordoit de pareilles permissions qu'aux grands Seigneurs.

Arnaud-Bernard de Preissac, dit SOUDAN, ne vivoit plus en 1310 (5).

Il fut marié avec *Vitalle* de Gout ou de Goth, de l'illustre

(1) Archives de la Tour de Londres. *Rotulus Vasconie, an.* 18, *Edouardi I, membrana* 2.

(2) Cabinet des Ordres du Roi.

(3) Archives du Château de Cazoneuve.

(4) Tour de Londres. *Rotulus Vasconie, an* 32-35. *Edouardi I, membrana* 20.

(5) Cabinet des Ordres du Roi.

Maison de ce nom, en Guienne, fille de *Beraud* ou *Bertrand* de Goth & de *Ide* de Blanquefort, & sœur d'*Arnaud-Gorci* de Goth, Vicomte de Lomagne & d'Auvillar, & de *Bertrand* de Goth, d'abord Archevêque de Bordeaux, puis élu Pape en 1305, sous le nom de CLEMENT V; elle donna des Coutumes datées de l'an 1276, sous le regne de PHILIPPE le Hardy, aux Habitans de la Terre de Bajonnette, conjointement avec *Odhom* de Preissac, Chevalier, son beau-frere, & *Bertrand* de Franx, aussi Chevalier, Co-Seigneur de cette Terre (1).

(1) Archives d'Esclignac.

Il vint de ce mariage,

1°. *Arnaud-Bernard*, qui suit;

2°. *Gaillard*, né à Trabes, Diocèse de Bazas, fut nommé Evêque de Toulouse par le Pape CLEMENT V, son oncle, vers les Fêtes de Noël 1312, & ensuite élevé à la Dignité de Cardinal, par le Pape JEAN XXII. Le jour des Quatre-Tems, pendant l'Avent de l'année 1316 (2), remplissant pour lors les fonctions de Protonotaire apostolique : il acquit un Fief, à peu de distance de Toulouse, il prit son nom de Preissac, qu'il a conservé depuis cette époque : il y fit bâtir un grand Château, dans l'intention d'en faire sa maison de Campagne; ce Fief & ce Château passerent après lui en des mains étrangeres. Le Pape voulant diminuer la trop grande étendue de l'Evêché de Toulouse, sous prétexte de remédier par-là aux abus qui en avoient résulté, l'érigea en Archevêché & forma plusieurs Diocèses des démembremens de cette Métropole : cela se fit sur la démission de *Gaillard* de Preissac, à qui le Pape offrit, pour le dédommager, l'Evêché de Riez, en Provence, qu'il refusa, & mourut à Avignon en 1327 (3).

(2) Baluse, *Vita Paparum*, T. 1, p. 187, 621, 656, 713, 739. *Gallia Christiana*, édit. de 1656, T. 1, p. 692.

(3) *Ibid.*

VI.

V I I.

Arnaud-Bernard DE PREISSAC, II du nom, Chevalier, Baron & Soudan, Seigneur de Didonne, de Latrau, de Preiſſac, d'Uzeſt, &c. fils d'autre *Arnaud-Bernard* & de *Vitalle* de Goth, reçut des lettres de remerciment & de nouvelles recommandations, le 14 Février 1308, d'*Edouard* II, Roi d'Angleterre, au ſujet des affaires que ce Prince avoit eû & qu'il avoit encore à la Cour de Rome (1). Semblables lettres furent auſſi adreſſées le même jour à l'Evêque de Peneſtrin, à Noble homme *Bertrand* de Goth, Marquis d'Authom, neveu du Pape, au Seigneur *Raimond-Guilhaume* de Budos, au Seigneur *Bertrand* de Savignac & au Seigneur *Guilhaume-Raimond* de Farges. Voici la traduction littérale de celles adreſſées à *Arnaud-Bernard* de Preiſſac.

» *Edouard*, par la grace de Dieu, Roi d'Angleterre, &c. à » Noble Homme & notre féal le Seigneur *Arnaud-Bernard* de » Preiſſac, dit Soudan, ſalut & ſincere dilection; eſpérant au » Seigneur, qu'après les grands & aſſidus travaux par vous fré» quemment opérés pour l'heureuſe expédition de nos affaires » en Cour de Rome, deſquelles vous rendons grace ſpéciale, » vous voudrez bien agir efficacement à l'égard des affaires que » nous avons encore à préſent en ladiſte Cour, ſelon voſtre couſtu» me ordinaire, & deſquelles nous avons l'heureuſe expédition fort » à cœur. Nous avons enjoint à Noble Homme & noſtre féal, le » Seigneur Bertrand de Salignac, Comte de Campen, nepveu » du Pape, dernierement arrivé près de nous en Anglеterre, de » vous informer deſdites affaires. C'eſt pourquoi Nous vous » prions affectueuſement & requérons voſtre amitié, d'adjouter » foi à tout ce que ledit Comte vous expoſera de noſtre part, &

(1) Tour de Londres. *Rotulus Francie & Rome*, an. 4-10. *Edouardi II*, *membrana* 19.

» lui donner conſeil & aide pour parvenir à l'heureuſe expédi- » tion deſdictes affaires. Donné à Evreux le quatorzieme jour de » Febvier, l'an cinq de notre regne (1) ».

Il y eut encore des pareilles lettres de créance, données par le même Roi *Edouard* II, datées à Windeſor, le 28 Août 1310, pour d'autres affaires en Cour de Rome, & adreſſées à l'Evêque de Sabucen, au Seigneur *Bernard-Guilhaume* de Budos, au Seigneur *Arnaud* de Preiſſac, dit Soudan, que le Roi qualifie *Noble Homme & ſon très-cher ami*, au Seigneur N. Archevêque de Narbonne, & autres (2). Le même *Arnaud-Bernard* de Preiſſac, fut compris dans le teſtament fait le 6 Janvier 1311, par *Arnaud-Gorci* de Goth, Vicomte de Lomagne & d'Auvillar, ſon oncle, qui l'appella, par préférence à ſes propres filles, pour recueillir la ſubſtitution de ſes biens dans le cas où il viendroit à mourir ſans enfans mâles (3). Il eſt dit neveu du Pape, dans une lettre adreſſée à *Bertrand* de Goth, Vicomte de Lomagne & d'Auvillar, le 23 Janvier 1313, par *Edouard*, Roi d'Angleterre, au ſujet d'une négociation de paix (4). il y eut des lettres d'appel interjettées au Roi LOUIS X, dit *Hutin*, & à ſa Cour, le premier Avril 1315, faites devant *Bertrand* de Fonté, Notaire de Bordeaux, au ſujet de l'engagement qui avoit été ci-devant fait, moyennant la ſomme de cent ſoixante mille florins d'or, par *Edouard*, Roi d'Angleterre, Duc d'Acquitaine, autoriſé par le Pape CLEMENT V, en faveur de *Bertrand* de Goth, *d'Arnaud-Bernard* de Preiſſac, dit Soudan, Seigneur de Didonne, & de *Reimond-Guilhaume*, Seigneur de Budos, Chevalier, de tout ce que le Monarque Anglois, poſſédoit dans les Provinces de Guienne & Saintonge, & généralement de tout ce qu'il avoit dans le Royaume de France, en deça des mers, dont ces trois Seigneurs faiſoient prélever les revenus par leurs receveurs, qui leur en rendirent compte, ſuivant les lettres don-

(1) Tour de Londres. *Rotulus Francie & Rome*, an. 4-10. *Edouardi II*, *membrana* 19.

(2) *Ibid. Rotulus Francie & Rome*, *an.* 4-10. *Edouardi II*, *membrana* 15.

(3) Archives de la Tréſorerie de Montauban.

(4) Rimer, T. 3, p. 379.

nées par *Arnaud*, Archevêque de Bordeaux, en présence de nombre d'Ecléfiastiques, de plusieurs Seigneurs & de quatre Notaires, nommés *Bertrand* de Fonté, *Jean* de Lissac, *Fortaner* de Clergue & *Pons* Bochard, qui en retinrent acte dans l'Eglise de Bordeaux, le 11 Mai 1318, ratifié par un second acte, passé devant les mêmes Notaires, dans la maison des Freres Mineurs de Marmande, le 16 du même mois de Mai 1318 (1). Tous ces faits sont remarquables, ils caractérisent le dégré de grandeur & de puissance où étoit alors la Maison de Preissac. Le même *Arnaud-Bernard* de Preissac, dit SOUDAN, se trouve nommé dans une lettre du Roi d'Angleterre, adressée à *Amanieu* d'Albret, le 17 Juillet 1315, au sujet d'une négociation de paix, avec la France (2). Il fut présent avec plusieurs autres Chevaliers & Nobles, au contrat de mariage de *Reimond*, Vicomte de Fronsac, avec *Assaillide*, fille d'*Amanieu* d'Albret, passé devant *Arnaud* Vergerio, Notaire de Bazas, le 11 Août 1322 (3). Il est qualifié dans ce contrat Chevalier, Seigneur de Didonne & d'Uzest (*). Le Seigneur *Amanieu* d'Albret, Vicomte de Tartas, de Dax & de Malcor, ayeul de sa femme, dans son testament du 11 Juillet 1324, lui fit un legs, conçu en ces termes :

» Item. Je donne & laisse à mes Compagnons 5000 liv. bour-» deloises, qui sont en dépost, & de plus 4000 livres bourde-» loises, que je dois avoir sur le Chasteau, Chastellenie & Terre

(1) Archives de la Tréforerie de Montauban.

(2) Rimer, T. 3, p. 530.

(3) Bibl. du Roi, Tit. de Doat, vol. 183, fol 190.

(*) Il y a apparence que la Terre d'Uzest lui étoit venue du chef de sa mere, sœur du Pape *Clement V*, qui mourut à Roquefort en Languedoc, le 20 Avril 1313, après avoir ordonné sa sépulture dans l'Eglise d'Uzest, qu'il avoit fondée & édifiée, à demi-lieue de Villandrau, lieu de sa naissance : On lui dressa dans cette Eglise, où son corps fut transporté, un magnifique Mausolée de jaspe, d'albâtre & de marbre blanc, richement sculpté. Il a subsisté jusqu'en 1568, qu'il fut détruit par les Huguenots. *Chronique Bourdeloise, par Delurbe, édit. de 1612, p. 23 & 24.*

» de Gironde, lesquelles 4000 liv. & les 5000 livres qui sont en » dépost, je veulx qu'elles soient payées le jour de ma septaine. » Desquelles 5000 livres, je veulx que MONSEIGNEUR *Arnaud-* » *Bernard* de Preissac, en aye 500 livres tournoises (1) «.

(1) Bibl. du Roi, Tit. de Doat, vol. 183, fol. 311.

Amanieu d'Albret, fit ensuite un codicile, le jour de la Fête *Saint Mathieu* de la même année 1324, en présence d'*Arnaud-Bernard* de Preissac, Chevalier, & de plusieurs autres Seigneurs, par lequel il exhéréda *Bernard*, son dernier fils, pour s'être emparé à force d'armes, des Terres de Gironde & de Veyres, & pour avoir fait une ligue avec ses ennemis capitaux (2).

(2) *Ibid.* vol. 183, fol. 325.

Bertrand de Goth, fils d'*Arnaud-Garci*, par son testament ouvert le Vendredi après la Fête de l'Ascension de Notre-Seigneur, l'an 1324, le nomma son Exécuteur Testamentaire, conjointement avec *Reimond-Guilhaume* de Budos; il lui substitua en outre tous ses biens, dans le cas où *Regine* de Goth, sa fille & son héritiere, viendroit à mourir sans enfans de légitime mariage (3). Et la dame *Regine* de Goth, Comtesse d'Armagnac, par son testament fait au Château de Lavardens, le 2 des ides d'Août 1325, lui substitua ses Vicomtés de Lomagne & d'Auvillar, ainsi que ses autres Terres, Baronnies & Châtellenies, au défaut d'enfans procréés de son mariage avec *Jean* I, Comte d'Armagnac (4). *Amanieu* & *Bertrand* de Lamothe, freres, *Emeric* de Durfort, Damoiseau, *Regine* de Goth, femme de Noble *Amans* de Pins, Damoiseau, *Braïde*, Vicomtesse de de Bruniquel, & *Indie*, femme du Seigneur de Montferrand, furent aussi appellés par indivis à cette derniere substitution (5), qui fut le sujet d'un procès considérable entre le Comte d'Armagnac & le même SOUDAN de Latrau, terminé par son fils, comme on le verra dans l'article suivant. *Roze* de Bourg, femme d'*Amanieu* d'Albret, fit son testament le 6 Juin 1326, par lequel elle nomma pour ses Exécuteurs Testamentaires, le Seigneur

(3) Archives de la Trésorerie de Montauban.

(4) Hist. des grands Officiers de la Couronne, T. 2, p. 175. Baluze, T. 2, p 465. Bibl. du Roi, Tit. de Doat, vol. 184, fol 28.

(5) Généal. de la Maison de Faudoas, p. 129.

de Lebret ou d'Albret, son mari, & Messire *Arnaud-Bernard* de Preissac, Chevalier (1). Il est dit, fils d'autre *Arnaud-Bernard*, dans un acte d'hommage qu'il fit devant *Guilhaume* Mazailhe, Notaire de Casteljaloux, le 11 Octobre 1326, à Haut & Puissant Seigneur *Bernard* d'Albret, Baron de Cazoneuve, pour raison du Château de LATRAU, avec toutes ses dépendances. Il rendit un second hommage le même jour, devant le même Notaire, au Seigneur d'Albret, à cause du droit de dixme à lui appartenant dans la paroisse de Preissac, le tout au Diocèse de Bazas. Il se qualifie dans ces deux actes, *Galois de Preissac* (2).

(1) Bibl. du Roi, Tit. de Doat. vol. 184, fol. 85.

(2) Expédition en forme prise aux Archives de Cazoneuve.

Il avoit épousé *Roze* d'Albret, sœur de *Senebrun*, Sire de l'Esparre, & fille d'*Eyquem-Guilhem* d'Albret, Seigneur de l'Esparre, lequel étoit fils d'*Amanieu* d'Albret, Vicomte de Tartas, de Dax & de Malcor, & de *Roze* de Bourg, sa femme, suivant le testament de la dame de Bourg, du 6 Juin 1326, ci-devant rapporté (3). Tout le monde connoît la grandeur & la puissance de la Maison d'Albret, qui, jusqu'à sa fin, a joui des privileges de la Souveraineté dans ses possessions, & a eu des têtes couronnées, entr'autres, *Jeanne* d'Albret, Reine de Navarre, mere du Roi HENRI IV.

(3) Cabinet des Ordres du Roi. Bibl. du Roi, Tit. de Doat. vol. 184, fol. 85.

Les enfans d'*Arnaud-Bernard* de Preissac & de *Roze* d'Albret furent,

1°. *Arnaud-Bertrand*, qui suit :

2°. *Arnaud-Bernard* fut Prieur de *Saint Martial* d'Escassefort au Diocèse d'Agen en 1307, Abbé de *Saint Maixant* au Diocèse de Poitiers en 1326, & Doyen du Chapitre d'Uzest au Diocèse de Bazas en 1335 (4).

(4) *Gallia Christiana*, T. 2, p. 923 & 1258.

VIII.

ARNAUD-BERTRAND DE PREISSAC, Chevalier, Soudan de Preissac & de Latrau, ou Soudich de Lestrade, Seigneur de Didonne, de Lieuran, de Montendre, de Latrau, de Preissac, &c. Capitaine d'une compagnie d'hommes d'armes, fils d'*Arnaud-Bernard* II du nom, & de *Roze* d'Albret, reprit l'instance intentée par son pere contre *Jean*, Comte d'Armagnac & de Rhodez, au sujet des substitutions ci-devant rapportées, contenues dans le testament d'*Arnaud-Gorci* de Goth, Vicomte de Lomagne & d'Auvillar, dans celui de *Bertrand* de Goth son fils, & dans celui de *Regine* de Goth, fille de *Bertrand*, & femme de *Jean*, Comte d'Armagnac : les Parties voulant terminer leur différend à l'amiable, sous le bon plaisir du Roi PHILIPPE de Valois, passerent une transaction à Paris, en présence de ce Monarque, le lundi 18 Septembre 1335, dans laquelle le Comte d'Armagnac est qualifié, PAR LA GRACE DE DIEU, Comte d'Armagnac & de Rodez, & le pere du SOUDAN de Preissac, dont celui-ci se dit l'unique héritier, est qualifié MONSEIGNEUR *Arnaud-Bernard* de Preissac, Chevalier, Seigneur de Didonne & d'Uzest : ces deux Seigneurs, en parlant l'un de l'autre, ne mettent aucune différence dans leurs expressions. Ils disent également *Monsieur le Comte..... Monsieur le Soudan*, & les motifs de leur accord y sont rendus dans les termes suivans. *Considérant l'incertitude de l'événement, & voulant continuer l'amour ou amitié qui, entre bons & loyaux amis, doit être & demeurer toujours, par l'accord d'aucuns de leurs communs amis & voisins, sont convenus, &c.* Le résultat de ce traité fut, que le Comte d'Armagnac céda au Soudan de Latrau, la Terre de Lieuran, assise au pays Bourdelois, avec tous les droits & devoirs en dépendans, soit fiefs, arrieres-fiefs, Justices, Seigneuries, hommages, hommes, femmes, rentes, bois, terres, châteaux, forteresses, maisons, &c; & le Soudan de Latrau céda de son côté au Comte d'Armagnac, tous les droits qu'il pouvoit avoir sur les terres & biens de la maison de Goth, même la nomination aux Bénéfices, à condition néanmoins que le frere du Soudan ne seroit point troublé dans la possession du Doyenné d'Uzest que le ROI lui avoit conféré. Cet acte fut scellé des sceaux d'Armagnac & de Preissac, & ensuite confirmé par le ROI, qui en fit déposer l'un des originaux en sa Chambre des Comptes, suivant les Lettres duement scellées, données à Paris au mois d'Octobre 1336 (1).

(1) L'un des originaux trouvé aux Archives de Lagarde-Fimarcon.

Le même SOUDAN donna une quittance au Trésorier des Guerres le 7 Juin 1340, conçue en ces termes.

« Sachent tuit que je Soudan de Preissac Sire de Didonne, » confesse havoir eu & reçu de honorable & sage *Regnaut* » Croullebois Receveur du Roy nostre Sire en Xaintonge, par » la main de Jehan du Douhet son Clerc, par mandement de » M. le Capitaine & Senechal de Xaintonge, quatre vingts » sept livres tournois, en prest sur mes gaiges de moy & des » Gendarmes estans en ma compagnie, & ceulx de pié, ser- » vis & à servir en cette presente guerre, desqu'elles quatre » vingts sept livres je me tiens par bien, par ces presentes, » sçellées de mon scel, donné à Xaintes le 7 jour de Juing » l'an 1340 (2) ». Scellée en cire rouge, sur laquelle est l'empreinte d'un Chevalier armé, l'épée haute à la main, ayant devant lui son bouclier, sur lequel sont pour armes un Lion, parti de trois fasces: les mêmes armes se voyent sur le caparasson de son cheval, ce qui est la marque de la plus haute Noblesse.

(2) Cabinet des Ordres du Roi.

Il fit une semblable quittance, aussi scellée de son sceau, le jour de Saint *Jean-Baptiste* de la même année 1340, pour la somme de 28 livres, & une troisieme le 5 Juillet suivant, conçue en ces termes.

« Sachent tous que, nous Soudan de Latrau Chevalier Sei-» gneur de Didonne, confesse avoir heu & recheu, par les » mains de Jehan du Douhet, Clerc Lieutenant de honorable » homme Regnaut Croullebois Receveur du Roy nostre Sire, » en Poictou & Xaintonge, par le commandement de noble » & puissant homme Monsieur Itier Seigneur de Maignac, » Chevalier du Roy nostre Sire, Chemptayne souverain, de » par li deputé en Xaintonge, Pertou, Limouzin & ez lieux » voizins, & Senechal de Xaintonge, au compte & paye-» ment de nos gaiges, servis ou a servir en ceste presente » guerre, dis lib. monnoye courante, desquelles nous le dict » Soudan & Chevalier nous tenons pour bien payés & en quip-» tons le dict Reçeveur & son Lieutenant par ces nos Lettres, de » nostre propre sçel sçellées, le 5e jour de Juillet l'an mil CCC & quarante. Sçellée en cire rouge, un Lion, Parti, de trois fasces (1) ».

(1) Cabinet des Ordres du Roi.

On trouve une autre quittance du 19 Août suivant, où il se qualifie Soudan de Preissac, Seigneur de Didonne, scellée en cire rouge, avec le Chevalier armé, comme les précédentes (2). Encore une autre également scellée de son sceau, à *Jean* Chauvel, aussi Trésorier des Guerres, datée de Toulouse le 13 Septembre 1349, pour la somme de 90 livres par lui reçue sur ses gages, ceux de 9 Ecuyers, 14 Sergens-Lanciers & 6 Arbaletiers de pié de sa compagnie ès parties de Gascogne, depuis le 22 Avril 1348 après Pâques au 12 Mai, sous le gouvernement du Révérend Pere en Dieu *Guilhaume*, Archevêque d'Auch, Lieutenant du Roi esdites parties, & nombre

(2) *Ibid.*

d'autres

d'autres quittances au même ſujet, qu'il ſeroit trop long de rapporter ici (1).

(1) Cabinet des Ordres du Roi.

Le *Soudan* de Latrau, ou Soudich de Leſtrade, ayant quitté le parti de la France, pour paſſer à celui d'Angleterre, ce qui n'étoit que trop commun en Guyenne dans ces tems malheureux, le Roi JEAN écrivit en 1350 une Lettre à *Fouques* de Mathas, Chevalier, Seigneur de Royan, par laquelle il déclare que, pour les grands ſervices que lui a rendu ledit *Fouques* de Mathas, & pour les grands frais qu'il a fait à la guerre, particulierement contre le SOUDAN de Latrau ſon ennemi, il lui donne le Château & toute la Châtellenie de Didonne, qui appartenoit au SOUDAN, & dont *Fouques* s'étoit emparé de force, lequel Château Sa Majeſté pourroit cependant retirer dans un an (2). Le même SOUDAN ou Soudich fut établi Conſervateur d'une treve conclue à Bordeaux, le 23 Mars 1356 (*), par la médiation de *Talairan* de Perigord, Cardinal-Evêque d'Albane, & de *Nicolas* de Capociac, auſſi Cardinal au titre de *Saint Vital*, Meſſages envoyés par le Pape, pour négocier une paix générale entre les Cours de France & d'Angleterre; mais en attendant cette paix, on convint de la treve ci-deſſus mentionnée (3). Elle ne fut pas de longue durée, les hoſtilités recommencerent. Le Prince de Galles, jeune Héros, plein de talens naturels pour la guerre, mais plus ardent à les manifeſter, que réflechi dans le choix des moyens, s'avance dans le

(2) Inventaire du Tréſor des Chartes, vol. 8, fol. 541.

(3) Rimer, T. 6, p. 7.

(*) Pour ſe faire une idée du rôle que jouoient dans ces ſortes d'Actes les Seigneurs garans de leur exécution, il ne faut que jetter les yeux ſur le Traité de Paix fait en l'an 1199, entre le Roi *Philippe*-Auguſte & *Jean*-Sans-Terre, Roi d'Angleterre. Voici comme s'exprime à ce ſujet M. Humes, dans ſon Hiſt. d'Angleterre, T. 1, p. 498. » Neuf Barons du côté du Roi d'Angleterre, & autant de celui du » Roi de France, ſe rendirent garans du Traité; tous jurerent que, ſi leurs Souverains en violoient les Articles, ils ſe déclareroient contre l'infracteur, & embraſſeroient la cauſe du Prince offenſé «.

cœur du Royaume avec une poignée de monde, en comparaison des forces que l'on pouvoit lui oppoſer ; il eſt atteint à Montpertuy près de Poitiers, & enveloppé par l'armée françoiſe, conduite par le Roi lui-même, accompagné des Princes ſes enfans & de la fleur de la Nobleſſe. Dans cet état déſeſpéré pour le Prince Anglois, il refuſe des conditions qu'il croit contraires à ſa gloire, & prend la réſolution de vaincre ou de mourir. La bataille ſe donna le 19 Septembre 1356, les François y montrerent d'abord toute la confiance, on peut même dire la préſomption qu'inſpire communément une grande ſupériorité de forces, vertige populaire, qui n'apperçoit que le phyſique dans la maſſe des facultés, & qui s'amortit au plus léger revers, & dégénere en découragement ; c'eſt ce qui arriva en cette occaſion. Leur armée fut diſſipée ſans, pour ainſi dire, rendre de combat : le ſeul corps à la tête duquel étoit le Roi, fit à ſon exemple, la plus grande réſiſtance ; il eut à combattre un corps de Gaſcons, qui avoient pour Chefs le Soudich de Leſtrade, le Captal de Buch, le Sire de l'Eſparre, les Seigneurs de Landiras, de Caumont, de Montferran, de Rozen & de Coſſens (1). C'eſt entre ces deux corps que ſe frapperent les grands coups, ceux qui déciderent du ſort de cette journée & de celui de la France. Les troupes du Roi y furent détruites, & ce Monarque fait priſonnier avec *Philippe*, le plus jeune de ſes fils, qui en recueillit le glorieux titre de Hardy ; le petit nombre de braves François qui ſurvêcurent à ce malheur le partagerent. Le Roi JEAN fut conduit à Bordeaux, malgré les ordres du Monarque Anglois, qui vouloit qu'il fût traduit tout de ſuite à Londres, mais les Gaſcons s'y oppoſerent. « Nous » avons eu, diſoient-ils, la gloire de le vaincre, nous voulons » l'avoir parmi nous ». Leurs eſprits s'échauffoient, il y avoit à craindre qu'ils n'entrepriſſent de le mettre en liberté, on les

(1) Froiſſard, chap. 162. Mezeray, T. 2. p. 437. Dupleix, T. 2, p. 504.

appaisa par de magnifiques promesses, & en les faisant rentrer dans une partie des biens dont les François les avoient dépouillés (1). La Châtellenie de Didonne fut d'abord rendue au Soudan de Latrau. Il y eut ensuite une treve de deux ans, signée à Bordeaux le 24 Mars 1357 (2), & le Roi JEAN conduit à Londres. Le premier Avril de la même année le Prince *Edouard*, fils aîné du Roi d'Angleterre, donna des Lettres confirmatives de la donation qu'il avoit faite, en faveur de son amé & fidèle le *Soudan de Preissac*, Seigneur de Didonne, Chevalier, à cause, est-il dit, « de ses loyaux & gratuits services, par lui » rendus audit Seigneur nostre pere & à nous, & pour ceulx » qu'a l'advenir nous esperons que vraisemblablement il nous » rendra, du lieu de Montendre, avec tous ses revenus, » droits, devoirs, profits, émolumens, & toutes ses autres » appartenances, mere & mixte Seigneurie, haute & basse » Justice, & toute Jurisdiction appartenant & devant apparte- » nir audit lieu; » & comme donc (continuent les mêmes Lettres) « il convient que la generosité Royalle se porte à » de plus grandes graces, a mezure que les merites & services » de ses subjets augmentent, c'est pourquoi, considerant que les » services que ledict Soudan rend de jour en jour pour deffen- » dre l'honneur & les droits du Roi, & voulant pour cella lui » faire une grace ulterieure, nous avons donné & concedé, » donnons & concedons par ces presentes, audict Soudan, » pendant sa vie, & au Soudan son fils ainé, pour lui & ses » heritiers, ledit lieu de Montendre, avec tous ses revenus, » droits, &c..... sauf audit Seigneur nostre pere & à nous, la » suzeraineté, ressort, homage & autres droits Royaux quel- » conques. Donné a Bordeaux le premier jour d'Apvril, l'an » de nostre Seigneur 1357 (3) ».

Le Seigneur *Arnaud-Bernard*, *Soudan* de Preissac & de La-

(1) Mezeray, in-fol. T. 2, p. 437.

(2) Rimer, T. 3, p. 133.

(3) Tour de Londres. *Rotulus Vasconie, an. 51. Edouardi III, membrana 3.*

trau, ou Soudich de Lestrade, avoit épousé *Regine* de Pommey ou Pommiers, Dame de Sancats & de Sivrac, ce qui est justifié par une transaction du premier Septembre 1411, qui sera rapportée dans la suite (1). Elle étoit d'une des meilleures maisons de Guyenne & des plus considérables.

(1) Tour de Londres. *Rotulus Vasconie*, *an.* 11-14. *Henrici IV*, *membrana* 12.

Il vint de ce mariage:

1°. *Bermond-Arnaud* qui suit.

2°. *Marguerite*, qui épousa le Seigneur *Arnaud* de Curton en Guyenne, lequel fit un acte de concession le 28 Avril 1330, de la Justice haute, moyenne & basse qu'il avoit dans toute l'étendue des paroisses de Doniac, d'Espiet, Gonsilhac, Teissac & leurs appartenances, excepté néanmoins le Château & manoir appartenant à *Arnaud-Bernard* de Preissac ou à ses héritiers, situé dans la paroisse de Doniac (2). On a vu ci-devant que ce Château fort avoit été bâti sur la permission accordée à *Arnaud-Bernard* de Preissac, & à *Thibault* de Preissac, par des Lettres d'*Edouard* I, Roi d'Angleterre, du premier Avril 1304.

(2) *Ibid. Rotulus Vasconie*, *an.* 4. *Edouardi III*, *membrana* 10.

3°. *Jeanne*, qui, en qualité de fille du Soudan de Latrau & de *Regine* de Pommey sa femme, transigea le premier Septembre 1411 avec *Izabelle* de Preissac de Latrau, sa niece, femme du Seigneur de Montferran, sur les contestations qu'elles avoient eû ensemble au sujet de l'hérédité du Soudan de Latrau, dont le Sire de Montferran s'étoit emparé (3).

(3) *Ibid. Rotulus Vasconie*, *an.* 11-14. *Henrici IV*, *membrana* 12.

IX.

Bermond-Arnaud de PREISSAC, Soudan de Preissac & de Latrau, ou Soudich de Lestrade, Seigneur de Didonne, de l'Esparre, de la Principauté de Talmont, d'Arbenatz, de Preissac, de Latrau, de Landiras, de Portez, &c. Capitaine d'une compagnie d'hommes d'armes, Sénéchal ou Grand Bailli de Marenne, Gouverneur de Mortagne, Chevalier de la Jarretiere, surnommé le Bon Soudan, fils d'*Arnaud-Bertrand* de Preissac & de *Regine* de Pommey ou Pommiers, fut un des plus puissans Seigneurs de son tems, & réunit en sa personne, tout ce qui constitue l'homme illustre par sa naissance, ses actions & l'opinion publique : il eut des grandes possessions, des emplois honorables, des commissions flatteuses, des décorations agréables, & plus que tout cela pour lui & les siens, une excellente réputation. *Charles* le Mauvais, Roi de Navarre, dont l'acharnement étoit inépuisable contre la vie & la Couronne du Roi CHARLES V, dit le Sage, redoubla ses efforts, lors de l'avénement de ce Prince au Trône. Celui-ci demanda du secours aux Gascons, qui marcherent de bonne volonté, conduits par le Sire d'Albret, le Soudich de Lestrade, Petiton de Curton, Aymond de Pommiers & Perducas d'Albret (1), unis par les liens du sang (*) & l'amour de la gloire, Seigneurs, dit Mezeray (2), qui ne cherchoient que les occasions de se signaler & d'acquérir de l'honneur, & gens fort expérimentés. CHARLES V fut d'autant plus touché du zèle des Gascons, qu'il devoit moins s'y attendre, étant, pour la plûpart, sous la domination directe du Roi d'Angleterre, dont les troupes nationales faisoient dans ce moment, partie des forces combinées de l'armée ennemie, ainsi qu'un autre corps de 400 lances de Gascons, le tout aux ordres du Captal de Buch, Gascon lui-même : ces considérations déterminerent pourtant ce sage Monarque à retenir auprès de sa personne le Sire d'Albret, comme otage sans doute, & garant de la fidélité des Gascons; mais sous le pré-

(1) Froissart, chap. 222. Dupleix, T. 2, p. 537. Le Pere Daniel, T. 4, p. 7.

(2) Tom. 2, p. 466 & 467.

(*) La grand'mere du Soudan, ou Soudich, étoit Albret, sa mere Pommiers, & sa sœur, femme du Sire de Curton.

texte flatteur de le faire participer par ſa préſence, à l'éclat de ſon ſacre : les quatre autres Seigneurs continuerent leur marche à la tête de leurs Troupes & joignirent à Rouen, celles que raſſembloit à la hâte *Bertrand* Dugueſclin. Ce Général actif & plein de feu, ne fut pas long-tems à délibérer, il marcha au-devant du Captal, qui de ſon côté ne paroiſſoit pas moins empreſſé de l'atteindre ; ce fut à Cocherel, à peu de diſtance d'Evreux, que les armées ſe trouverent en préſence ; le Captal qui occupoit ſon camp dès la veille, s'étoit placé avantageuſement, & avoit profité, en Général conſommé, qui connoît le mérite de ſon adverſaire, des diſpoſitions du terrein. Il apprit là ſeulement, par un Héros du Roi d'Angleterre, que Dugueſclin avoit des Gaſcons à ſes ordres. Il ſe tourna du côté de ſes troupes, & proféra ces paroles remarquables. *Cap de Sent Antony, Gaſcous contrau Gaſcous, ſé fretaran.* Cette nouvelle qui le ſurprit, fut ſans doute cauſe de la grande circonſpection que ce Général marqua depuis cet inſtant : Dugueſclin ne pouvant ni le combattre dans ſon poſte, ni le dépoſter, encore moins conſerver ſa poſition par la difficulté des ſubſiſtances, uſa d'un dernier ſtratagême qui lui réuſſit ; il feignit de ſe retirer, fit paſſer la riviere d'Eure à ſes bagages ſuivis des Gaſcons, auxquels il faut remarquer qu'il avoit donné un ſurveillant nommé *Guilhaume* Boueſtel, Gentilhomme Breton, qui n'eut qu'à exalter leur franchiſe, leur courage & la capacité de leurs Chefs. Le Captal qui ſe méfioit de la ruſe, fut entraîné malgré lui par la fougue des Anglois, aux ordres de *Jean* Joüel : dès que ſon armée eût quitté ſon poſte pour tomber ſur l'arriere-garde des François, les Gaſcons repaſſerent la riviere : l'action étoit déja engagée, ils ſe trouverent en tête, d'abord la réſerve Navarroiſe, ſur laquelle ils fondirent bruſqüement, l'enfoncerent & la taillerent en pieces ; ils ſe replierent enſuite ſur le flanc du corps de bataille ennemi, dont juſques-là, la valeur rendoit le ſort du combat très-incertain ; cette action le décida. Ils pénétrerent juſqu'au Captal, dont ils abattirent le pennon ou étendart, & ſe ſaiſirent de ſa perſonne. Le combat fut rude, long & meurtrier, dit Mezeray (1), & entr'autres perſonnes de marque que cet Auteur nomme dans le nombre des bleſſés, il y comprend le Soudich de l'Eſtrade ou Soudan de Latrau, & Petiton de Curton, qu'il dit avoir été *eſtropiés pour toute leur vie.* Ces quatre Chefs y combattirent avec leurs compagnies completes à banieres déployées (2), tout fut tué ou pris. Cette bataille, une des plus brillantes & des plus intéreſſantes qu'il y ait eu, ſe donna le 6 Mai 1364. Elle commença à une heure après midi, & ne finit qu'avec le jour. Le Roi CHARLES V voulant marquer ſon contentement au Soudan ou Soudich, & reconnoître le ſervice qu'il venoit de lui rendre, lui fit don du Château de Beauvoir dans la Sénéchauſſée de Toulouſe, avec 500 livres de rente, duquel Château ou Seigneurie le Soudan rendit hommage l'année ſuivante (3).

La paix ayant été conclue entre les Monarques François & Navarrois, par le Traité du 6 Mars 1365, le Soudan rendu à lui-même, ſe joignit aux Comtes d'Armagnac, de Perigord, de Carmain & de Comminges, au Sire d'Albret, au Captal de Buch, aux Vicomtes de Rochechouard, Daubeterre & de Chatelleraut, aux Sires de Pons, de Partenay, de Pierrebuffiere, de Pommiers, de Cliſſon, de Caumont, de Muſidan, de l'Eſparre, de Gironde, de Roſan, de Teſte, de Curton, aux Sénéchaux de Guienne, de Saintonge, de la Rochelle, de Perigord, de Limoſin, de Quercy, d'Agenois & de Bigorre, qui ſuivirent le Prince de Galles en ſon expédition, pour le rétabliſſement de *Pierre* le Cruel, ſur le Trône de Caſtille (4). Il ſe trouva en 1367 à la fameuſe bataille de Navarrette, dont l'événement

(1) Tom. 2, p. 467.

(2) Hiſt. de Duguesclin, par Guyard de Berville, T. 1, p. 246.

(3) Tréſor des Chartes, vol. 7, fol. 5205.

(4) Dupleix, T. 2, p. 550.

remit la Couronne ſur la tête de Dom *Pedre*, par la défaite totale de l'Armée Eſpagnole, aux ordres de Dom *Henry*, Comte de Traſtamare, & de *Bertrand* Dugueſclin, qui y fut fait priſonnier, & donné par le Prince de Galles, au Captal de Buch; celui-ci lui dit, *Meſſire Bertrand, tel eſt le ſort des Armes, vous me fites priſonnier à Cocherel, & je vous tiens aujourd'hui* (1). Le même Prince de Galles, par ſes lettres du 10 Février 1369, donna au Soudan de Latrau, la Principauté de Talmont ſur Gironde, pour en jouir juſqu'à ce qu'il eût recouvré la petite Coutume de Royan, » laquelle lui appartenoit de bon droit, » & étoit de ſon propre héritage (2) «. Il lui donna encore, par ſes lettres du 24 Février 1370, la Baillie de Marenne, » en ré- » compenſe de la pénible diligence & travail qu'il lui avoit fait » en ſes guerres & ſervices, tant au ſiege de Montpaon, comme » ailleurs, & fera en tems avenir (3) «. Toutes ces différentes donations furent enſuite ratifiées par des lettres d'*Edouard* III, des 12 Avril & 10 Juillet 1376 (4). Ce Prince étant mort l'année ſuivante, *Richard* II, ſon ſucceſſeur au Trône d'Angleterre, adreſſa des lettres au Soudan de Latrau, le 10 Juin 1378, pour inſtaller *Jean*, Seigneur de Neuville, & le faire reconnoître pour Lieutenant du Roi en Acquitaine (5). Le Soudan, ou Soudich, ſe défendoit cette même année dans Mortagne ſur Gironde, Place très-importante par ſa ſituation: le ſiege en fut fait de l'ordre du Duc d'Anjou, par le brave *Yvain* de Galles, jeune Seigneur Anglois, que les perſécutions avoient chaſſé de ſa Patrie & qui ne peut fuir ſa malheureuſe deſtinée environné de ſes défenſeurs; un ſcélérat du pays de Galles, nommé *Jacques* Laube, ayant trouvé le moyen de s'inſinuer dans la familiarité d'*Yvain*, lui plongea un poignard dans le cœur, ſe ſauva dans Mortagne & ſe préſenta au Gouverneur: » Sire, lui dit-il, je » vous ay délivré d'un de vos plus grands ennemis; alors il ra- » conta

(1) Hiſt. de Dugueſclin, T. 1, p. 548.

(2) Tour de Londres. *Rotulus Vaſconiæ, an. 5. Edouardi III, membrana* 3.

(3) *Ibid.*

(4) *Ibid.*

(5) Rimer, T. 7, p. 198.

» compta de quelle maniere il avoit exécuté ce meurtre: le Sou-
» dich indigné, lui répondit, tu l'as meurdri, & ſache bien,
» tout conſidéré, que ſi je ne voyois noſtre très grand profit en
» ce fait, je te fairois trancher la teſte; mais puiſqu'il eſt fait,
» il ne ſe peut desfaire; mais c'eſt domage du Gentilhaume
» quand il eſt ainſi mort & plus nous y aurons de blaſme que
» de louange « (1). La vive & longue réſiſtance du Soudan, donna le tems aux Anglois de raſſembler une Eſcadre aux ordres du Seigneur de Neuville, dont le mouvement vèrs Mortagne, par la Riviere de Bordeaux, fit lever le ſiege: l'on trouve un état convenu & arrêté entre M. *Jean* de Neuville, Lieutenant d'Aquitaine, d'une part; & *Jean* de Mittfort, Lieutenant de Sire *Richard*, Routier, Connétable de Bordeaux, d'autre part, contenant les ſommes payées aux gens de Guerre, pour le recouvrement & défenſe de Mortagne, dans lequel état le Soudan de Latrau eſt employé en deux différens articles, dont voici la teneur:

(1) Hiſtoire de France, par M. l'Abbé Velly, T. 10, p. 407.

» Item, payé le XVIII. jour d'Octobre ſuſd. (1378) à le
» Sndic de la Trau, pur XL. hommes d'Armes, demurantz
» ſur la garde & tuition de Moretaigne Suiſdit, par VII. mois
» parnant, pur chaſcun homme d'Armes, en ledit mois XV.
» francs.... VI c. francs.

» Item, payé le XX. jour d'Octobre, l'an M. CCC. LXXVIII.
» à Soudit de Latrau, pur les Bons & agréables ſervices qu'il
» a faict en temps paſſé en les guerres du Roy *Edouard*, que
» Dieu aſſoile, & fera au Roy qui ore eſt, en temps avener, &
» auſſi pur les grandes paynes, travails, coſtages, & pardes
» qu'il meſme & ſes gens ount ſuffert, ſi bien deinz la ſege de
» Moretaigne, par long-temps, comme aillours, en récom-
» penſation & regard deſditz ſervices & travails...... 500
» francs « (2). Ce qui étoit une ſomme conſidérable dans ce tems-là.

(2) Rimer, T. 7, p. 324, 327 & 328.

Il servit en qualité de Chevalier Baneret, sous le Comte de Cambrige, à Lisbonne, on crut qu'il s'étoit noyé en passant la mer, & on lui fit des obseques, mais il se trouva depuis à la prise de Figuieres (1). *Richard* II, Roi d'Angleterre, le fit Chevalier de la Jarretiere. Il fut compris, à ce titre, avec le Duc de Lancastre, les Comtes de Cambrige & de Buckinkan, oncles de ce Prince & plusieurs autres Seigneurs, dans un Rôle de Chevaliers invités pour assister à la cérémonie de la Fête Saint George de l'année 1383 (2) (*). Il obtint du même Roi, par des lettres du 26 Juillet 1384, le privilege, pour lui & ses successeurs, de faire tenir quatre foires par an dans sa terre d'Arbenatz, en Aquitaine. Il fut présent à d'autres lettres obligatoires, données par ce même Prince, touchant le Duché d'Aquitaine, datées *Indictione Octava* 1385 (3). L'on trouve encore un acte du 5 Novembre 1386, par lequel, *Amanieu* d'Albret, bailla en garde & commande à *Raimond* de Montaut, Seigneur de Mussidan, le lieu de Veyres, à la charge de le lui rendre lorsqu'il en seroit requis; dans cet acte furent compris les Nobles & Puissans Seigneurs M. le *Soudan* de Latrau, M. *Bernotin* de la Font, M. *Bernard* de l'Esparre, Seigneur de la Borde, Chevaliers & autres; promettant le Seigneur de Mussidan de faire donner lettres de ratification, scellées du sceau du Roi d'Angleterre, duquel on se servoit en Gascogne, & du sceau du Maire de Bordeaux, ainsi que de ceux du Seigneur de l'Esparre, de Monseigneur le Captal, du Seigneur de Duras, du Seigneur de Montferran, de Monseigneur le Soudan de Latrau, du Seigneur de Danoasan, du Seigneur de Lendiras, du Seigneur de la Lande, du Seigneur de la Mothe, & des autres Barons du parti du Roi d'Angleterre, qu'il feroit nécessaire, avec promesse de leur part, d'exécuter le contenu dans cet acte, & de ne rien

(1) Cabinet des Ordres du Roi.

(2) Ashmole order of. Te, Garter, p. 22, 710 & 711. Cabinet des Ordres du Roi.

(3) Rimer, T. 7, p. 435 & 460.

(*) M. Anchi, Roi d'Armes de la Jarretiere, l'écrit ainsi en 1720 à M. de Clerambault. *Cabinet des Ordres du Roi.*

faire de contraire (1). La grandeur du Soudan de Latrau se manifeste par-tout; il fut l'un des Conservateurs de divers Traités & Treves particulieres, faites entre les Rois de France & d'Angleterre; il suffira de citer ici ceux des 18 Août 1388, 11 Août 1389, 28 Février 1390 & 5 Mai 1392. Le premier Juillet de la même année 1392, *Richard*, Roi d'Angleterre, adressa des lettres au Sénéchal de Guienne, au Maire de Bordeaux, au Captal de Buch & au *Soudan* de Latrau, par lesquelles ils furent établis pour faire observer dans ses Etats les Treves qu'il avoit ci-devant faites avec le Roi de France & ses Alliés. Le 5 Juin 1394, il y eut une Treve générale par mer & par terre, conclue entre la France, l'Angleterre & leurs Alliés, à commencer depuis le jour de *Saint Michel*, alors prochain, jusqu'à pareil jour de l'année 1398, & le *Soudan de Latrau* en fut nommé le Conservateur. Il souscrivit ensuite, avec plusieurs autres Seigneurs, la ratification & promesse faite par *Richard* II, le 28 du susdit mois de Juin 1394, de faire observer par ses Alliés la Treve particuliere qu'il avoit faite le 27 Mai précédent, & confirmée par le Traité général dont nous venons de parler (2).

Le Soudan de Preissac & de Latrau avoit épousé *Marguerite* de Stratton, fille & heritiere de *Jean*, Seigneur de Landiras, Connétable, Commandant à Bordeaux pour le Roi d'Angleterre, & d'*Izabeau* de S. Sinphorien. La dame de Stratton étant devenue veuve, reçut des ordres réitérés, le 6 Février & 21 Août 1397, d'avoir à évacuer le Château de Mortagne, dont le Soudan de Latrau, son mari, étoit demeuré gouverneur, depuis le siege qu'il en avoit fait lever en 1378 (3). Elle se remaria ensuite avec *Pons* de Castilion, Chevalier, & étoit décédée le 12 Octobre 1449, suivant une transaction qui sera ci-après rapportée (4).

Le Soudan de Latrau, ne laissa de son mariage, avec la dame de Stratton, qu'une fille unique nommée

(1) Bibl. du Roi, tit. de Doat, vol. 203, fol. 90.

(2) Rimer, T. 7, p. 598, 640, 657, 717, 724, 775 & 781.

(3) Tour de Londres. *Rotulus Vasconie*, an. 22. *Richard II*, membrana 11, 10 & 8.

(4) *Ibid. Rotulus Vasconie*, an. 28. *Henrici VI*, membrana V.

Izabelle de Preissac, dame de Latrau, de Landiras, de Portez, &c. elle fut la derniere des descendans des Soudans de Latrau & de Preissac, & épousa en l'année 1408, *Bernard* de Montferran, Sénéchal de Guienne. Elle passa une transaction le premier Septembre 1411, avec *Jeanne* de Preissac, sa tante, au sujet de la succession du Soudan de Latrau, son pere, comme nous l'avons dit plus haut (1). Et une seconde transaction, le 12 Octobre 1449, avec *Pons* de Castillon, Chevalier, relativement à la restitution de la dot de défunte *Marguerite* de Stratton, sa mere (2). *Izabelle* de Preissac, fut mere de *Pierre* de Montferran, aussi Sénéchal ou grand Bailli de Guienne, qui épousa *Marie*, fille naturelle de *Jean* d'Angleterre, Duc de Betfort, Régent en France, pendant l'usurpation de *Henry* VI, Roi d'Angleterre son neveu. Le Duc de Betfort fit une donation le 14 Novembre 1450 à *Marie*, sa fille & à *Pierre* de Montferran, son mari (3), qui se qualifioit Soudan de Latrau, & qui fut décapité à Poitiers, en 1454, pour avoir pris les armes contre la France.

(1) Tour de Londres. *Rotulus Vasconie, an.* 11-14. *Henrici IV, membrana* 12.

(2) *Ibid. Rotulus Vasconie, an.* 28. *Henrici IV, membrana V.*

(3) *Ibid. Rotulus Vasconie, an.* 29. *Henrici VI, membrana* 14.

BRANCHE DES SEIGNEURS D'ESCLIGNAC.

VI.

Vital DE PREISSAC, Damoiseau, Seigneur d'Esclignac, du Blanquet, Bajonnette, Gavarret, Miramont, Lalanne, Roquefort, de Preissac en partie & de Montastruc, &c. fils de *Raimond-Arnaud* de Preissac & de dame *Harpadelhase* d'Argombaud ci-devant rapportés, prenoit communément le nom de Montgaillard, terre qui avoit été apportée dans sa maison par *Geralde* de

Montgaillard, sa bisayeule, & qui dans le partage, étoit restée dans la branche aînée, Seigneurs de Brignemont, comme on l'a vu dans son article. *Vital* de Preissac de Montgaillard, fut compris dans la Charte, du 8 Janvier 1295, passée sous le Regne de PHILIPPE-le-Bel, devant *Raimond* de Arto, Notaire de Toulouse, qui contient les Privileges accordés par *Gaston*, Comte d'Armagnac, à la Noblesse de la Vicomté de Fezensaguet, où il est nommé *Vital* de Montgaillard, Damoiseau, Seigneur d'Esclignac & de Bajonnette (1). Il consentit un acte d'inféodation, daté du Château d'Esclignac, le premier jour après l'Incarnation de Notre-Seigneur, l'an 1299, passé devant *Laurent* Lacapelle, Notaire de Montfort, en faveur du nommé Bonel, de certains biens situés dans sa terre de Bajonnette, en présence & du consentement d'*Odhom* de Preissac, son frere, qualifié Chevalier (2), avec lequel il avoit cette terre en paréage, ainsi qu'avec le Soudan de Latrau, son autre frere. Il fut présent, comme il a été dit, aux Coutumes données aux Habitans de la Terre de Brignemont, par *Raimond-Arnaud* de Preissac, Chef de cette branche, aussi son frere, par acte du 3 Juin 1310 (3). Il rendit hommage le Dimanche de la Saint Martin d'hyver 1319, devant *Jean* de Gourgue, Notaire, au Magnifique Seigneur *Jean*, Comte d'Armagnac, pour ses terres de Gavarret, Miramont, Lalanne & Roquefort, ainsi que des terres situées dans Preissac & Montastruc, qu'il possédoit par indivis, avec *Navarre* de Montgaillard, sa sœur, femme de Noble *Arbrieu* de Castelnau (4). Il fut présent à un acte fait à Auvillar, le Samedi après la Fête Saint Martin d'hyver 1322 (5). Il fut aussi présent à une transaction passée le premier Avril 1325, devant *Jean* Thilo, Notaire de Montfort, entre les Consuls de sa Terre d'Esclignac, d'une part, & les Habitans de la Ville de Montfort, bien tenans dudit Esclignac, d'autre part, rela-

(1) Archives d'Esclignac.

(2) *Ibid.*

(3) Dépôt des titres de la Communauté de Brignemont.

(4) Archives d'Esclignac.

(5) Cabinet des Ordres du Roi.

tivement aux impositions communes, qui devoient être remises dans les mains desdits Consuls, pour l'entretien des fossés & autres défenses ou fortifications du Château d'Esclignac (1).

(1) Archives d'Esclignac.

Vital de Preissac eût pour femme, *Angleze* d'Arros, sœur de *Pierre* d'Arros Co-Seigneur d'Andofielle, ce qui se voit par un accord arrêté le 24 Juin 1298, entre *Geraud* de Poy, Co-Seigneur d'Homs, Procureur fondé du Seigneur de Preissac, & *Pierre* d'Arros pour sa sœur, conjointement avec *Perrotin* de Roquefort, & en présence de très-puissans Seigneurs, M. le Vicomte de Fezensaguet, M. *Bons* d'Armagnac, M. *Sans* de Montfaucon, *Guilhaume* d'Esparbès, *Gaillard* Cenordan, &c. Dans cet accord, la dot de la Demoiselle future épouse y est fixée à 400 florins d'or, dont *Pierre* d'Arros & *Perrotin* de Roquefort se rendirent caution, ainsi que de ses vêtemens honorables & suivant sa qualité, avec convention expresse que, le premier enfant mâle, habile à succéder, qui naîtroit de ce mariage, hériteroit du Château d'Esclignac, de deux portions de la Seigneurie, & de la moitié de tous les autres biens, avec substitution en cas de décès, en faveur des mâles successivement &c. Arrêté en outre que du présent traité, il en seroit dressé acte le jour de la célébration du mariage & avant la messe (2). La forme de cette piece & la qualité des personnes qui y ont eu part, en feroit un titre précieux, pour une maison dont la filiation partiroit de cette époque: la volonté marquée de conserver la terre d'Esclignac, autant qu'il est possible, à l'aîné des mâles de cette branche, est une preuve qu'elle étoit déja depuis long-temps dans cette maison, & confondue dans ses grandes possessions, que l'on ne sçauroit connoître dans le détail; cette terre ne paroît qu'au moment de la séparation des branches, il en fut de même decelle de Brignemont, pour celui des freres dont elle fut l'appanage, ainsi que celle de Latrau pour un autre frere.

(2) *Ibid.*

Vital de Preiſſac ne vivoit plus en 1330. Lorſque *Raimond-Bernard* de Preiſſac fit un don, comme on l'a dit, aux Religieux de Belleperche, avec la condition de dire des Prieres pour ſes proches, & nommément pour défunt *Vital* ſon frere. N'en pourroit-on pas augurer que *Vital* fut enterré dans l'Egliſe de cette Abbaye, au tombeau de ſes ancêtres ?

Il vint de ſon mariage avec *Angleze* d'Arros, d'une des plus anciennes maiſons de Guyenne,

1°. Autre *Vital*, qui ſuit.

2°. *Odhom* de Preiſſac, Damoiſeau, marié avec la Dame de Monteg, dont il eut une fille, nommée *Brux-Martine*, mariée en premieres noces, avec *Bertrand* de Mareſtang, & en ſecondes noces avec *Jean* de Labarthe, Baron d'Auradé, ce qui eſt juſtifié par deux actes des 1 Avril 1361 & 20 Décembre 1373 : Elle étoit encore mineure le 4 Février 1343, lorſqu'elle tranſigea, ſous l'autorité de *Guilhaume* Fauré, ſon curateur & conſeillée, par *Raimond-Guilhaume* de Monteg, ſon oncle maternel, avec *Vital* de Preiſſac, ſon oncle paternel, ſur la portion de l'héritage *d'Odhom* de Preiſſac ſon pere, dont *Vital* étoit héritier, & qui en conſéquence abandonna par cette tranſaction, à *Brux-Martine* ſa niece, la tierce partie de la ſucceſſion de ſon frere, pere de la Dame *Brux-Martine*, à elle due ſuivant les Loix (1).

(1) Archives d'Eſclignac.

3°. *Simone* de Preiſſac, mariée en préſence & du conſentement *d'Odhom* de Preiſſac ſon frere, avec *Odhon* de Montaut, Co-Seigneur d'Homs, par contrat du 10 Novembre 1328, paſſé au Château d'Eſclignac, par *Pierre* de Liniere, Notaire de Francheville : à cet acte furent auſſi préſens, M. *Émeric* de Couzerans, & M. *Bertrand* de Galard, Chevaliers, *Raimond-Sans* de Manas, *Amalvin* de l'Iſle, *Odet* de Maurens, & autre *Odet* ſon fils, *Arnaud* d'Oſſun, *Arnaud* d'Eſparbès, *Arnaud* de Corné, & *Raimond-Guilhaume* de Meillan, Damoiſeaus, (2).

(2) *Ibid.*

V I I.

VITAL DE PREISSAC de Montgaillard, II du nom, Damoiseau, Seigneur d'Esclignac, du Blanquet, Bajonnette, Gavarret, Miramont, Lalanne, Roquefort, Bivès, Cadeillan, Montastruc, Seràn, &c. fils d'autre *Vital* & *d'Angleze* d'Arros, rendit hommage par acte du 14 Novembre 1343, sous le regne de PHILIPPE VI. devant Molinery, Notaire d'Auvillar, à *Jean* Comte d'Armagnac, pour raison des terres du Blanquet, de Bivès & de Cadeillan en Lomagne, joignant celle d'Esclignac: dans cet hommage, il se dit fils d'autre *Vital* de Preissac de Montgaillard (1). Il acheta de *Joseph* Garzfezna, Bourgeois de Montfort, un moulin nommé du Comte situé audit Montfort, près d'Esclignac, par acte du premier Juillet 1360 (2), & mourut en 1363.

(1) Archives d'Esclignac.

(2) *Ibid.*

Il eut pour femme, Dame *Longue*, à laquelle on ne connoît point d'autre nom; mais que ses possessions dans les terres de son mari, font présumer être de même maison que lui, & fille *d'Odhom* de Preissac, Chevalier, & de *Moretana* de Goas, dont lui venoient probablement ses possessions; son mariage est prouvé par une transaction datée du lendemain de l'Annonciation 1345, que *Vital* de Preissac, & la Dame *Longue*, sa femme, passerent avec *Brux-Martine* de Preissac leur niece, fille, comme il a été dit, d'autre *Odhom* de Preissac, Damoiseau, frere de *Vital II.* au sujet des droits d'agrier, oblies, dixmes & rentes, appartenans à la Dame *Brux-Martine*; dans les terres d'Esclignac & de Montfort, du chef *d'Odhom* de Preissac son pere, droits à elle déja abandonnés, par une précédente transaction du 4 Février 1343 (3), cidevant rapportée.

(3) *Ibid.*

Il vint du mariage de *Vital*, & de Dame *Longue*, *Eimeric*, qui suit.

VIII.

VIII.

EIMERIC ou EIMARD DE PREISSAC, Chevalier, Seigneur d'Esclignac, du Blanquet, Bajonnette, Bivès, Cadeillan, Seran, la Brihe, Preissac en partie, Gavarret, Miramont, Lalanne, Roquefort, Montastruc, &c. Capitaine d'une Compagnie d'Hommes d'armes, fils de *Vital* de Preissac, dit de Montgaillard II. du nom, & de dame *Longue*, se disoit âgé d'environ seize ou dix-sept ans, dans un acte qu'il fit en qualité d'héritier de feu *Vital* de Preissac son pere, pendant l'année du deuil, le 27 Février 1364, par lequel acte, il donna à nouveau fief à *Pierre* Maynard, la moitié d'un moulin situé sur la riviere de l'Orbe, dépendant de sa terre d'Esclignac (1). Il fut présent à un hommage rendu au Comte d'Armagnac, le 5 Mars 1370, par *Jean* de Roquelaure, pour les terres de Roquelaure, du Longart & Saint-Aubin (2). Il rendit lui-même hommage, le 29 Novembre 1377, à *Jean* Comte d'Armagnac & de Rodès pour la Baronnie du Blanquet, & les terres de Caste & de la Fox, situées entre les lieux du Blanquet, celui de Cadeillan, & celui de Bivès.

Il fit la montre de sa Compagnie composée de trente-huit Ecuyers à Châlons, le 7 Septembre 1388 (3), & le 9 du même mois, il donna quittance au Trésorier des Guerres de la somme de 440 livres tournois, qu'il reconnut avoir reçue en prêt sur ses gages & de trente-huit Ecuyers de sa Compagnie, desservis & à desservir en cette présente guerre du pays d'Allemagne, en la Compagnie de M. le Duc de Berry, & sous le gouvernement du Roi, ladite quittance scellée du sceau de Preissac (4). On trouve une seconde montre de la Compagnie du même *Eimard* de Preissac, Chevalier, composée de trente-huit Ecuyers, revue à Consarbrik en Allemagne, le 3 Octobre 1388 (5), & une

(1) Archives d'Esclignac.

(2) Cabinet des Ordres du Roi.

(3) *Ibid.*

(4) Bibl. du Roi, Tit. scellés de Gainieres.

(5) *Ibid.*

quittance par lui donnée, ſous ſon ſceau, le 12 du même mois, au Tréſorier des Guerres, de la ſomme de *huit vingts livres* tournois, en prêt ſur ſes gages, & de trente-huit Ecuyers de ſa Compagnie, deſſervis & à deſſervir en ces préſentes guerres d'Allemagne, en la Compagnie de M. le Duc de Berry, ſous le gouvernement du Roi (1).

(1) Biblioth. du Roi, Tir. ſcellés de Gainieres.

Il fit encore la montre de ſa Compagnie, compoſée de trente-huit Ecuyers, à Saint *Jean* d'Angelis, le 20 Juin 1405, & donna quittance au Tréſorier des Guerres, le 28 du même mois, de la ſomme de 597 livres tournois, ſur les gages de trente-huit Ecuyers de ſa Compagnie ſervans ès parties de Gaſcogne, ſous le Gouvernement de M. d'Albret, Connétable de France, ſcellée du ſceau de Preiſſac (2).

(2) Cabinet des Ordres du Roi.

Il avoit épouſé en premiere noces, *Jeanne* de Cramaud, veuve de *Jourdain* Tiſon, fille de *Jean* de Cramaud, Chevalier, Seigneur de Cramaud & de la Chapelle Belloin, & d'*Orable* de Mauleon, & petite-niece de *Simon* de Cramaud, Cardinal, Archevêque de Reims, Pair de France, Patriarche d'Alexandrie, un des grands hommes de ſon temps (3).

(3) *Ibid.* Hiſt. des grands Officiers de la Couronne, T. 2, p. 44.

Il épouſa en ſecondes noces *Hunode* de Poy, ſœur de noble *Moncaſſin* de Poy, Co-Seigneur d'Homs, lequel fit ſon teſtament devant *Jean* Denthur, Notaire de Montfort, le 24 Avril 1380, & légua un marc d'argent, à *Jean* de Preiſſac, Seigneur de Gavarret, ſon neveu, en quoi il l'inſtitua ſon héritier particulier, à condition qu'il ne pourroit rien demander de plus, ni faire demander ſur ſes biens, fit un ſemblable legs d'un marc d'argent à *Mondine* de Preiſſac, ſœur du Seigneur de Gavarret. Plus un legs de vingt cinq francs d'or à *Hunode* de Poy ſa propre ſœur, femme d'*Eimeric* de Preiſſac, Seigneur d'Eſclignac, inſtitua pour ſon héritier univerſel *Geraud* de Poy ſon frere,

Chanoine de l'Eglise Cathédrale de Saint *Jean* de Bazas, à condition qu'il quitteroit l'état Eccléſiaſtique, & qu'il ſe marieroit; & dans le cas où il viendroit à mourir ſans enfans de légitime mariage, lui ſubſtitue *Odhom* de Preiſſac, ſon neveu & filleul, fils d'*Eimeric* de Preiſſac, Seigneur d'Eſclignac, & de *Hunode* de Poy ſa ſœur, pour tous les biens ſitués dans la Vicomté de Lomagne, avec le moulin qui lui appartenoit ſur la riviere de Larrats en Fezenſaguet, enſemble toutes les Rentes ſeigneuriales qu'il avoit dans la Juriſdiction de Montfort; Et quant à ſes autres biens ſitués dans le Fezenſaguet, lui ſubſtitue *Eimeric* de Preiſſac, auſſi ſon neveu, frere d'*Odhom*, nomme pour ſon exécuteur teſtamentaire, *Eimeric* de Preiſſac, Seigneur d'Eſclignac, ſon beau-frere, conjointement avec *Not* de Patras, Seigneur d'Aigueſmortes, & le Prieur du Couvent des Freres Prêcheurs de Saint George de Mauvezin (1).

Eimeric ou *Eimard* de Preiſſac, eut de ſon premier mariage avec la dame de Cramaud,

1°. *Vital*, qui ſuit.

2°. *Longue*, qui fut marié en Quercy, avec *Pons* de Lagarde Damoiſeau, leſquels ayant ignoré leur parenté au quatrieme degré lors de leur mariage, obtinrent dans la ſuite une Bulle du Pape *Gregoire* XII, la ſeptieme année de ſon Pontificat, qui contenoit la diſpenſe & l'approbation du mariage. (2)

Et de ſon ſecond mariage avec la dame de Poy, naquirent,

1°. *Jean* Damoiſeau, Seigneur de Gavarret, Miramond, Lalanne, Roquefort, Sénéchal ou grand Bailli du pays de Labour, capitaine du Château d'Angle, qui fut remplacé dans cette commiſſion, le 20 Juillet 1414, par *Jean* Dupleſſis (3). Il fut préſent au codicille de *Simone* de Montlezun, femme de *Michel* de Faudoas, fait à Mauvezin le 2 Juillet

(1) Archives d'Eſclignac.

(2) *Ibid.*

(3) Hiſt. de la Maiſon de Richelieu, dans celle de Dreux, in-fol. p. 88.

(1) Cabinet des Ordres du Roi.

1417. (1) Il eut diverses commissions des Rois CHARLES VII & LOUIS XI en sa qualité de Sénéchal ou grand Bailli de la noblesse du pays de Labour, entr'autres celle de rétablir le bon ordre dans une partie de la Guyenne où il commandoit, ce qu'il fit à la satisfaction de ces Monarques, comme il paroît par différentes lettres qu'ils lui adresserent, signées de leurs mains. (2) L'on ne voit point qu'il eût contracté d'ailliance.

(2) Archives d'Efcignac.

2°. *Odhom*, auquel on ne connoît point non plus d'alliance, mais qui paroît avoir été pere de

Bertrand de Preissac, marié avec *Petronille* de Dufourc, sœur *d'Antoine* de Dufourc, Co-Seigneur de Montastruc, ce qui se vérifie par un acte du 3 Novembre 1420, portant quittance de la dot de ladite de Dufourc. (3) Il rendit hommage à *Jean*, Comte d'Armagnac, le premier Octobre 1418, pour la moitié de la terre d'Homs & pour un moulin situé sur la riviere de Larrats qui avoient été substitués à *Odhom* de Preissac, par *Moncassin* de Poy son oncle, comme on l'a vu dans son testament ci-devant rapporté (4); il donna quittance au Trésorier des guerres du pays de Languedoc & Duché de Guyenne, le 13 Novembre 1430, de la somme de 157 liv. 10 s. tournois, qu'il reçut en prêt sur ses gages & sur ceux de dix-neuf Ecuyers de sa chambre, desservis & à desservir en la frontiere de Guyenne contre les Anglois (5), & le lendemain 14 du même mois, fut faite la revue, au lieu de Moissac, dudit *Bertrand* de Preissac Ecuyer & des autres dix-neuf Ecuyers de sa Chambre (6).

(3) *Ibid.*

(4) *Ibid.*

(5) Bibliotheque du Roi, Tit. scellés de Gaignieres.

(6) *Ibid.*

3°. *Eimeric*, que l'on trouve nommé dans le testament de *Moncassin* de Poy son oncle, ci-devant rapporté : on ne voit pas qu'il eût pris d'alliance.

4°. *Mondine*, comprise dans le testament de *Moncassin* de Poy son oncle, & à laquelle on ne connoît pas d'alliance.

I X.

Vital de PREISSAC, III du nom, Chevalier, Seigneur d'Efclignac, du Blanquet, de Bajonnette, de Preiffac en partie, Garac, Marac, Lartigue, Bivès, Cadeillan, &c. fils aîné *d'Eimeric* & de *Jeanne* de Cramaud, fa premiere femme, fut un des nobles Seigneurs qui affifterent à la Charte du 6 Janvier 1391, par laquelle *Jean*, Comte d'Armagnac, confirma les priviléges de la nobleffe des Vicomtés de Lomagne & Auvillar (1). Il paffa une tranfaction avec *Geraud*, Comte d'Armagnac, Vicomte de Fezenfaguet le 3 Novembre 1399, devant *Guilhaume* de Podio Notaire de Montlezun, expédiée le 29 Juillet 1444, par *Urbin* de Sanctis, Notaire de Mauvezin, par laquelle le Seigneur d'Armagnac donna au Seigneur de Preiffac, les terres, fiefs & directes de Garac, Marac, & Lartigue, fous la referve de la foi & hommage, & reçut en échange du Seigneur de Preiffac, tous les droits feigneuriaux, rentes, propriétés, émolumens, & autres à lui appartenans dans les lieux de Seran (*) & de la Brihe, en qualité d'héritier *d'Emeric* de Preiffac fon pere, & de *Vital* de Preiffac de Montgaillard fon ayeul; enfemble le droit de chauffage à prendre dans fes bois appellés du Bruel, dépendans de la terre d'Efclignac, pour l'ufage du Seigneur d'Armagnac & celui de fa maifon, pendant qu'il habiteroit la Ville de Montfort feulement. (2)

(1) Archives d'Efclignac.

(2) *Ibid.*

Il fut marié avec *Anne* de la Barthe, feconde fille de *Jean* de

(*) C'eft la même Terre de Seran que *Odhom* de Preiffac avoit foumife à *Louis VIII*, en 1226, & à laquelle *Arnaud-Bernard* de Preiffac, Chef de la Branche des Soudans, donna des Coutumes, le 19 Février 1272.

la Barthe, Seigneur, Baron d'Auradé & de la Ville de Turutet, & de *Marguerite* de Faudoas (1). La branche aînée de la maison de la Barthe, possedoit de tous les temps la Baronnie de ce nom, très-étendue dans les montagnes des Pirenées.

(1) Archives du Château d'Auradé.

Il vint de ce mariage,

Vital, qui suit.

X.

VITAL de PREISSAC, IV du nom, Chevalier, Baron d'Esclignac & d'Ancausse, Seigneur du Blanquet, Bivès, Cadeillan, Garac, Marac, Lartigue, Larcan, Lafitau, Corneilhan, Peissous, Cavanac, Aspret, Montur, Saux, Bouch, Allès, Argus, Suresan, &c. fils d'aure *Vital* de Preissac, & d'*Anne* de la Barthe, transigea le 15 Août 1446, devant *Bertrand* de Pairac, Notaire, avec *Geraud*, Comte d'Armagnac, sur leurs prétentions respectives, résultantes de l'accord fait entre le même Seigneur d'Armagnac & le pere de *Vital* de Preissac le 3 Novembre 1399, ci-devant rapporté, lequel accord fut confirmé & ratifié, à l'exception de ce qui concernoit le chauffage, que le Comte d'Armagnac avoit droit de prendre dans les bois d'Esclignac, dont il fit cession & remise, se réservant seulement la foi & hommage pour les terres relevant de lui, lequel hommage le Seigneur d'Esclignac lui rendit par le même acte (2). Il rendit un second hommage des mêmes terres, au Duc de Guyenne, le 19 Janvier 1469, devant les Sénéchaux de Perigord & d'Agenois, Commissaires députés à cet effet. (3)

(2) Archives d'Esclignac.

(3) *Ibid.*

Il avoit épousé *Blanche-Fleur* de Coaraze, d'une des plus anciennes maisons de Guyenne, qui passoit même pour être issue de la premiere race des Comtes de Foix, elle étoit dame d'Ancausse, Larcan & autres lieux : ce mariage est prouvé par un Arrêt rendu au Parlement de Toulouse en 1450, entre *Aymeric* de Comminges, *Blanche-Fleur* de Coaraze & *Vital* de Preissac, Chevalier, son mari, au sujet de la terre & seigneurie d'Ancausse. Il est encore prouvé par une Charte du 23 Mars 1459, contenant le détail des droits seigneuriaux, avec les coutumes & priviléges des habitans de la terre de Larcan, dépendante de la châtellenie d'Aurignac, au Comté de Comminges, qui étoit en paréage entre Sa Majesté & les Seigneurs *Vital* & *Bertrand* de Preissac pere & fils, aux noms de *Blanche-Fleur*, & de *Bertrande* de Coaraze leurs Femmes, & par un second Arrêt rendu au Parlement de Toulouse en 1473, entre le même *Vital* de Preissac, *Blanche-Fleur* de Coaraze, sa femme, & le susdit *Aymeric* de Comminges, dans la maison duquel une branche de celle de Coaraze avoit fondu (1).

(1) Archives d'Esclignac.

Il vint de ce mariage,

Bertrand, qui a continué la postérité.

X I.

Bertrand de PREISSAC chevalier, Baron d'Esclignac & d'Ancausse, seigneur du Blanquet, de Garac, Marac, Lartigue, Cadeillan, Bivès, Larcan, Lafitau, Corneilhan, Peissous, Cavanac, Aspret, Montur, Saux, Bouch, Allès, Argus, Suresan, Degan, Seisp, Deup, Reat, Chichau, Ladimirp, &c. Sénéchal ou grand Bailli du pays de Labour, Commandant pour le Roi dans ledit pays & dans ceux de Riviere-Verdun, de Comminges, Bigore & Lannes, Commissaire général des armées, (*) qualifié noble & puissant seigneur, fils

(*) Il paroît que cette Charge, qui étoit considérable, fut créée & supprimée en différens tems : le Pere Daniel, dans son Histoire de la Milice Françoise, T. 2, p. 78, dit qu'elle avoit une très-grande étendue & donnoit un grand pouvoir à celui qui l'exerçoit. Il rapporte ce qu'en a écrit, en 1637, le Comte de Bussi-Rabutin, en ces termes : » Je vins au rendez-vous d'Armée à Rhetel, où Besançon

de *Vital* de Preissac, IV. du nom & de *Blanche-Fleur* de Coaraze, fut présent à une quittance faite par *Jean* de Faudoas, Chevalier, le 28 Juillet 1460, devant *Albert* Gauhedre, Notaire de Toulouse, en faveur de *Begon* d'Estaing, chevalier, de la dot *d'Antoinette* d'Estaing, sa fille, femme du seigneur de Faudoas (1); il fut nommé Sénéchal ou grand Bailli de la noblesse du pays de Labour, par provisions du Roi LOUIS XI. du 12 Novembre 1475, en considération de ses services : il eut plusieurs Commissions du même Roi, entr'autres celle d'assembler le Ban & arriere Ban dudit Pays, d'en faire la revue & de le conduire en Bourgogne, où ce Monarque portoit ses forces, pour les joindre aux Suisses ses Alliés, dans la guerre, contre le Duc de Bourgogne. *Bertrand* de Preissac eut aussi diverses Commissions des Rois CHARLES VIII & LOUIS XII, il fut pourvu par Brevet du Roi CHARLES VIII du 24 Janvier 1487, du Commandement & Inspection des troupes, dans le pays des Lannes, de Riviere-Verdun, du Comminges & de Bigorre. Le lendemain 25 Janvier 1487 S. M. lui fit expédier des Lettres, signées de sa main & scellées du grand sceau, pour la charge de Commissaire général des armées, en considération de ses importans services, de sa fidelité & de l'estime particuliere que ce Prince avoit pour lui; elles lui furent adressées avec une Lettre du Roi, conçue en ces termes.

(1) Histoire de la Maison de Faudoas, p. 87. Archives du Château de Seguenville.

DE PAR LE ROI.

» NOTRE Amé & féal, nous vous avons commis à bezo-
» gner au fait de nos gens de pied & à en faire la montre ez peys

» Commissaire Général des Armées de France, Charge créée pour lui, & qui fut
» supprimée en sa personne, parce qu'elle avoit trop d'autorité, fit faire revue au
» Régiment de mon Pere «.

&

» & Sénéchaussées de Lannes, jugeries de Riviere & Verdun
» & ez peys de Comminges & Bigorre, ainsi que pourrez
» voir par nos lettres de Commission & instructions que pour
» ce faire vous envoyons, & pour ce que cette matiere est
» hâtive & qu'elle nous touche comme pourrés entendre,
» nous vous prions qu'en la plus grande diligence que faire
» pourrés, vous bezogniés en ladite matiere, selon les-
» dites commissions & instructions, & sur-tout gardés qu'il ni
» soit fait nulles pilleries & nous avertissés incontinent de ce
» que y auriés fait en nous y servant, ainsi qu'en vous avons
» notre fiance. Donné à Paris le vingt-cinquieme de Janvier
» 1487. *Signé* CHARLES, & plus bas signé *Primaudaye*, &
» au dos est écrit, à notre amé & féal Conseiller le sieur d'Es-
» clignac (1).

Il donna des ordres aux Maire & Echevins de la ville de Bayonne, pour lui délivrer de l'artillerie & des munitions de guerre, à l'effet de s'emparer des Places de Hurtebie & d'Essault sur la frontiere d'Espagne, suivant les ordres exprès qu'il en avoit reçus du Roi, ce qui se vérifie, tant par les Commissions à lui adressées, que par un acte de requisition & sommation faite aux susdits Maire & Echevins, par *Jean* Pastoureau, Ecuyer du Roi, en vertu de Lettres Patentes de Sa Majesté, & Lettres d'attache du Seigneur *Bertrand* de Preissac, Bailli du Pays de Labour, du 16 Août 1493. Les mêmes Rois l'honorerent de nombre de Lettres missives, signées de leurs mains, qui prouvent la confiance qu'ils avoient en lui, & combien ils étoient contens de ses services : elles sont en trop grand nombre pour les rapporter ici en entier, il suffira de donner copie de celle du premier Juin 1494, dont voici la teneur.

(1) Archives d'Esclignac.

DE PAR LE ROI.

» Nostre amé & féal, vous sçavéz comme par sy devant » nous avons ordonné que les places & maisons de Hurtebie & » d'Essault a l'ocasion de ce qu'ils etoient & sont sur la frontiere » d'Espagne & Navarre, fussent mises en nostre main, & sous » icelle regis par nostre amé & feal Eschanson ordinaire *Louis* de » Hurtebie, & *Jean* de Beaumont, *Pierre* de Hurtebie & *Pierre* » Bonnicot, & que a ce faire vous estes ainsi que avons sçeu » bien & volontiers employez pour les Commissaires, dont vous » scavons fort bon gré, & pour ce que nous desirons que y con- » tinués, ainsi que nous confions que ferés, nous vous prions » & mandons trés expressement que vous ne obeissiés a faire » aucune chose a lencontre desdits Commissaires ne de leur » dite commission, en qu'elle maniere que ce soit, mais les » confortés & donnés tout le port, faveur, conseil & ayde » que pourrés jusques a ce que par nous autrement en soit or- » donné, & en ce faisant nous fairés service trés agreable ». Donné a Compiegne le premier jour de Juin 1494, signé CHARLES, & plus bas signé, *du Bois*, au dos est écrit a nostre amé & feal le Bailli de Labour (1).

(1) Archives d'Esclignac.

Bertrand de Preissac avoit été émancipé par *Vital* de Preissac son pere, dans l'acte d'acquisition qu'il fit à pacte de rachat, le 7 Octobre 1467, sous le regne de LOUIS XI, devant Clarader, Notaire de Toulouse, des droits de cens, oblies, dixmes, & autres rentes qui appartenoient à *Arnaud-Guilhaume* d'Ornezan, Seigneur Baron d'Auradé, & à *Marguerite* de la Barthe sa femme, dans Esclignac & Montfort, lesquels droits leur étoient avenus du chef de *Brux-Martine* de Preissac, fille d'*Odhom*, ci-devant mentionné à l'Article VII de la présente filiation. *Jean* d'Ornezan lui fit enſuite vente de ces mêmes droits, par un ſecond contrat du 18 Mai 1489, paſſé devant *Jean* Saloni, Notaire de Montfort (1). Il fut un des Seigneurs que les Etats du Comté d'Armagnac députerent au Parlement de Toulouſe, pour l'engager d'agir de concert avec Eux auprès du Roi CHARLES VIII, en faveur du Comte d'Armagnac qui avoit encouru la diſgrace de Sa Majeſté, comme il paroît par un exrait des regiſtres du Parlement du 20 Novembre 1484 (2). Les démarches de ces Députés & celles du Parlement ayant eu tout l'effet deſiré, la liberté fut rendue à *Charles* d'Armagnac, frere de *Jean* tué à Lectoure. Sa Majeſté rendit auſſi aux enfans de *Jacques* d'Armagnac les biens de leur pere, qui avoient été confiſqués quand on lui ôta la vie, & rappella de ſon ban *Jean* d'Armagnac, Evêque de Caſtres (3). *Bertrand* de Preiſſac rendit foi & hommage à Sa Majeſté devant le Sénéchal de Toulouſe & d'Albigeois, Commiſſaire à ce député le 31 Mai 1493, tant pour lui que pour *Bertrande* de Coaraze ſa femme, du Château & Baronnie d'Ancauſſe, & des Seigneuries de Peiſſous, de Cavanac, d'Aſpret & de Montur, membres de cette Baronnie. Plus, de la moitié du Château de Larcan, la tierce partie du lieu de Saux, le lieu de Lafitau, la quarte partie de la Seigneurie de Bouch, la quarte partie de la Baronnie Dallès-Daſſous, Argut-Dejus, Argut-Deſſus, & la moitié de Sureſan, le tout avec droit de Juſtice haute, moyenne & baſſe. Plus, pour le lieu d'Eſclignac, Degand, Seiſp, Deup, de Reat, Chichau & de la Dimirp, avec toutes leurs appartenances & dépendances, ſitués ès Comtés de Toulouſe & de Comminges (4).

Il avoit épouſé *Bertrande* de Coarage; ce qui ſe vérifie, tant par le ſuſdit hommage du 31 Mai 1493, que par une Charte du 23 Mars 1459, ci-devant rapportée ſur l'Article

(1) Archives d'Eſclignac.

(2) *Ibid.*

(3) Hiſtoire de France, par M. le Préſident Henault, regne de *Charles VIII.*

(4) Archives d'Eſclignac.

précédent, & par une transaction du 10 Octobre 1497, passée devant Lafitau, Notaire de Mauvezin (1). Il mourut l'an 1498, laissant pour enfans :

(1) Archives d'Escl.gnac.

1°. *Menaud*, qui a continué la postérité.

2°. *Bernard*, Prévôt de l'Eglise Cathédrale de Lombez, qui fut nommé Tuteur de *Frix* de Preissac, son arriere petit-neveu, conjointement avec *Jean* de Preissac, Sieur de Marac, & avec *Bertrand* de Preissac, Chanoine de la même Eglise de Lombez, comme on le verra dans la suite, & qui fit son testament le 22 Avril 1534 (2).

(2) Ibid.

3°. *Pierre*, dit Poton, Seigneur de la Terre de Corneilhan, qui est revenue depuis aux descendans de *Menaud*, son frere aîné. Il fut marié par contrat du 19 Octobre 1497, passé devant Deasse Notaire, avec *Audine* de Prenhan, fille de noble Nicolas Seigneur de Prenhan, à laquelle noble *Bertrand* de Prenhan son oncle donna, en considération de ce mariage, tous ses biens présens & à venir, à la charge par le futur époux & ses enfans, de porter le nom & armes de Prenhan (3).

(3) Ibid.

Ils eurent pour fils :

Bernard, auquel autre *Bernard* de Preissac, son oncle & parrein, Prévôt de l'Eglise Cathédrale de Lombez, fit donation de ses biens, pour les diviser par égales portions avec *Bertrand* de Preissac, Chanoine de la même Eglise, suivant l'acte du 22 Avril 1534, ci-devant rapporté. Il fut marié avec *Catherine* du Bouzet, laquelle fit son testament le 11 Avril 1564, où elle se dit femme de noble *Bernard* de Preissac, Seigneur de Prenhan, & ordonne que ses biens soient partagés entre ses trois filles (4) nommées :

(4) Ibid.

1°. *Jeanne* de Preissac, qui épousa en premieres noces, noble *Jean-François* de Hautpoul en Languedoc, dont elle eut un fils nommé *Herard*. Devenue veuve, elle se remaria avec noble *Jean-Marie* de Malvin, Seigneur de Montazet, auquel elle donna pouvoir, par acte du 13 Mai 1592, de vendre une partie de ses biens pour payer la rançon de *Herard* de Hautpoul son fils, qui avoit été fait prisonnier de guerre (1).

2°. *Roze*.

3°. *Anne*, dont on ignore les alliances.

4°. *Jean*, appellé M. de Marac, qui fut nommé Tuteur de *Frix* de Preissac, son arriere petit-neveu, comme on l'a déja dit. Il donna en cette qualité, le 2 Juin 1554, le dénombrement d'une partie des biens de son pupille (2); on ne voit pas qu'il eût pris d'alliance.

5°. Autre *Jean*, dit le cadet *Joanhet*, Chambelan du Roi LOUIS XII, & Lieutenant pour Sa Majesté du Seigneur de Lautrec en la guerre d'Italie (3) (*). Il mourut à Lyon, après avoir fait son testament le 7 Avril 1503, devant Decastag Notaire, par lequel il institue pour son héritier universel *Menaud* de Preissac, son frere aîné, & fait des legs à chacun de ses autres freres & sœurs; ordonne sa sépulture dans le Cloître de l'Eglise paroissiale de saint *Paul* de cette même Ville, dans laquelle il fonde un annuel de quatre gros qu'il affecte sur tous ses biens, & qui néanmoins pourront être éteints par son héritier, au moyen de six florins (4); on ne voit pas qu'il aye été marié. Il laissa un enfant naturel, nommé *Bertrand*, qui fit un échange le 25 Avril 1524, avec autre *Bertrand*, Baron d'Esclignac, qui sera rapporté ci-après (5).

6°. *Marie*, qui épousa noble *Roger* de Saint-Jean, Seigneur de Sautinha & de Fuex, laquelle fut dotée de 400 écus d'or.

7°. *Marguerite*, qui épousa noble *Bertrand* de Boroilhan,

(1) Archives d'Esclignac.

(2) *Ibid.*

(3) Cabinet des Ordres du Roi.

(4) Archives d'Esclignac.

(5) *Ibid.*

(*) Le Maréchal de Lautrec, de la Maison de Foix, étoit Généralissime des Armées Françoises en Italie.

Seigneur de Lagarde en Fezensac, qui donna quittance à *Menaud* de Preissac, son beau frere, le 7 Mars 1501, de la dot de la Dame *Marguerite* sa femme (1).

(1) Archives d'Esclignac.

X I I.

MENAUD DE PREISSAC, Chevalier, Baron d'Esclignac & d'Ancausse, Seigneur du Blanquet, Garac, Marac, Lartigue, Cadeillan, Bivès, des Montagnes du Comminges, des lieux de Larcan, Lafitau, Corneilhan, Peissous, Cavanac, Aspret, Montur, Saux, Bouch, Allès, Argus, Suresan, Degan, Seisp, Deup, Reat, Chichau, Ladimirp, &c, qualifié noble homme & puissant Seigneur, fils de *Bertrand* de Preissac & de *Bertrande* de Coaraze, fut marié par contrat du 27 Octobre 1495, passé devant Lafitaut, Notaire de Mauvezin, avec *Anne* de Marestang, fille de *Geraud*, Baron de Marestang, & de *Gabrielle* de Villemur-Paillés (2). Elle étoit sœur de *Jean*, Baron de Marestang, qui mourut sans enfans, après avoir fait son testament le 5 Août 1499, par lequel il substitua la Baronnie de Marestang, ainsi que tous ses autres biens, aux enfans mâles de *Catherine* de Marestang, sa sœur aînée, femme de *Jean* d'Astarac, des Comtes de ce nom, Baron de Fontrailles, Colonel Général des Albanois, Sénéchal ou Grand Bailli d'Armagnac, & Gouverneur de Lectoure, que Brantôme (3) met au nombre des hommes illustres & grands Capitaines de son tems ; & à défaut de mâles descendans de ladite *Catherine*, sœur aînée du Baron de Marestang, il appella à la même substitution, les enfans mâles descendans de sa sœur cadette, *Anne* de Marestang, femme de *Menaud* de Preissac, Baron d'Esclignac, à la charge de porter le nom & armes de Marestang (4), qui sont, *d'or, au Lion de gueules, armé & lampassé*

(2) *Ibid.*

(3) T. 1, p. 111 & 112.

(4) Archives d'Esclignac.

d'azur, à la bordure de même. Geraud, Baron de Mareſtang, pere d'*Anne* dont il eſt ici queſtion, fut reçu Chevalier de la main du Roi LOUIS XI, & donné par ce Monarque pour Tuteur à *Charles*, le dernier des Comtes d'Armagnac, après la mort duquel il éprouva des tracaſſeries, qui indiſpoſerent d'abord contre lui le Roi CHARLES VIII. Mais *Geraud* ſe juſtifia pleinement, & prouva « qu'il étoit vrai & loyal Chevalier, » ſans nul reproche, ajoutant qu'il étoit d'une noble & illuſtre » lignée, & que la Baronnie de ſon nom étoit dans ſa famille » de pere en fils depuis plus de cinq ſiecles (1) ». *Jean* d'Ornezan, Baron d'Auradé, confirma à *Menaud* de Preiſſac, par acte du 21 Avril 1501, la vente de la portion des oblies, cenſives, fiefs, agriers, dixmes, acaptes, arrieres-acaptes, lauſime, directes & propriétés, dans les lieux d'Eſclignac & de Montfort (2), jadis appartenante, comme on l'a dit, aux Seigneurs de Labarthe & d'Ornezan, du chef de *Brux - Martine* de Preiſſac. *Menaud* de Preiſſac rendit hommage à *Charles*, Duc d'Alençon, Comte d'Armagnac & de Fezenſaguet, le 15 Mai 1505, pour les Terres d'Eſclignac, du Blanquet, Garac, Marac, Billieres, le Gouté & leurs dépendances (3). Il fit ſon teſtament le 11 Août 1507, devant Lafitau, Notaire de Mauvezin, par lequel il inſtitue pour ſon héritier *Bertrand* de Preiſſac, ſon fils aîné, & au cas il viendroit à décéder en pupillarité, ou ſans enfans de légitime mariage, lui ſubſtitue *Blazie* ſa fille (4); il mourut peu de tems après laiſſant pour enfans,

1°. *Bertrand*, qui ſuit.

2°. *Blazie*, dont on ignore le ſort.

(1) Généal. de la Maiſon de Faudoas, p. 90.

(2) Archives d'Eſclignac.

(3) *Ibid.*

(4) *Ibid.*

XIII.

BERTRAND DE PREISSAC II du nom, qualifié noble &

puissant Seigneur, Chevalier, Baron d'Esclignac & d'Ancausse, Seigneur du Blanquet, Garac, Marac, Lartigue, Cadeillan, Bivès, Larcan, Lafitau, Peissons, Cavanaç, Aspret, Montur, Saux, Bouch, Allès, Argus, Suresan, Degan, Seisp, Deup, Reat, Chichau, Ladimirp, &c. surnommé le Grand Baron, fils de *Menaud* de Preissac & d'*Anne* de Marestang, entra au service fort jeune, & fit la guerre avec distinction dans le Duché de Milan, sous les ordres du Maréchal de Lautrec, & dans sa compagnie d'ordonnance : on voit de lui un acte du 30 Mai 1514, contenant un don en forme de récompense d'un grand tenement situé au terroir de la Fox, en faveur de *Jean* Bartelvielle l'un de ses gens, pour l'avoir accompagné de-là les monts durant ses campagnes d'Italie (1). Il fit faire une enquête le 27 Juin 1515, pour constater la vérité des dispositions testamentaires de *Jean* de Preissac, son oncle, Chambelan du Roi, dans laquelle il est qualifié noble & puissant homme, Baron d'Esclignac & d'Ancausse (2). Il fit un échange par contrat du 25 Avril 1524, passé devant Galtery, Notaire de Toulouse, avec autre *Bertrand* de Preissac, fils naturel du Chambelan, communément appellé le Bâtard d'Esclignac, auquel il donna la tierce partie du lieu de Saux, sous la réserve de la haute Justice, & de l'hommage d'une paire d'éperons, & prit en contre-échange des biens fonds situés dans sa Terre de Larcan (3).

(1) Archives d'Esclignac.

(2) *Ibid.*

(3) *Ibid.*

Il fut marié par contrat du premier Juin 1517, passé devant *Antoine* Gardelle, Notaire de Valence, avec *Claire* du Botet, fille unique & héritiere de noble & puissant Seigneur *Odet* du Botet, Chevalier, Seigneur de Caussens (4), Chef d'un corps de l'armée que le Roi LOUIS XII commandoit en personne à bataille d'Aignadel, & qu'il gagna le 14 Mai 1509 contre les Vénitiens, aux ordres du Général d'Alviane, qui fut fait prisonnier de guerre par *Odet* du Botet ; mais ce Général ayant

(4) *Ibid.*

été

été rendu quitte de rançon par le traité de paix, & LOUIS XII étant mort avant d'avoir indemnisé le Seigneur du Botet, le Roi FRANÇOIS I son successeur, fit régler cette indemnité en 1518, par le Connétable de Bourbon & le Maréchal de Laütrec, qui la fixerent à la somme de 2000 livres, pour le payement de laquelle, le même Roi donna au Seigneur du Botet, la haute-Justice, avec tous les droits seigneuriaux dans sa Terre de Caussens (1). *Claire* du Botet sa fille, femme du Baron d'Esclignac, succéda à tous ses biens, dont partie lui furent pourtant disputés par noble & puissant Seigneur *François* du Botet, son oncle, Chevalier, Vice Amiral de Guienne, ce qui donna lieu à une Sentence arbitrale du 12 Mai 1526, à la suite de laquelle *Claire* du Botet, autorisée par *Bertrand* de Preissac, Baron d'Esclignac, son mari, fit vente par contrat du même jour, de la Terre de Caussens, au profit du Seigneur *François* du Botet, son oncle, lequel ayant ensuite fait son testament le 3 Avril 1529, devant *Philippe* Olivier, Notaire de Condom, institua pour son héritier *Frix* de Preissac, son petit-neveu, en le grevant de substitution en faveur de son second fils, & à la charge de porter son nom & armes (2).

Bertrand de Preissac mourut le 12 Novembre 1527, âgé de 31 ans, après avoir fait son testament le 3 Avril précédent devant Faget, Notaire de Momfort, par lequel il institue pour son héritier universel & général, *Frix* de Preissac son fils, & fait des legs particuliers à chacune de ses filles (3). Il se préparoit à repasser en Italie avec le Maréchal de Lautrec, qui avoit en lui la plus grande confiance, & auquel, par cette raison, il auroit pu être d'un grand secours par ses conseils dans les désastres multipliés qui détruisirent son armée, & firent mourir de douleur ce Général, devant Naples (4).

(1) Archives du Château de Lagarde-Fimarcon.

(2) Archives d'Esclignac.

(3) *Ibid.*

(4) Histoire de France, regne de François I, année 1528.

Les enfans de *Bertrand* de Preissac, & de *Claire* du Botet, furent :

1°. *Frix*, qui suit.

2°. *Jeanne*, mariée à *Bernard* de Sedillac, Seigneur de *Saint-Leonard*.

3°. *Alix*, morte sans avoir pris d'alliance.

4°. *Anne*, qui épousa *Herard* de Grossolles, Seigneur de Saint-Martin.

X I V.

FRIX DE PREISSAC, Chevalier, Baron d'Esclignac & d'Ancausse, Seigneur du Blanquet, Garac, Marac, Lartigue, Cadeillan, Bivès, Caussens, Larcan, Lasitau, Corneilhan, &c. fils de *Bertrand* de Preissac II du nom, & de *Claire* du Botet, étoit encore mineur, ainsi que ses sœurs, à la mort de leur pere; on leur donna pour Tuteurs, *Bernard* de Preissac, Prevôt de l'Eglise de Lombez, *Bertrand* de Preissac, Chanoine de la même Eglise, & *Jean* de Preissac, Seigneur de Marac, qui, en cette qualité, passerent un acte le 25 Juin 1533, devant *Arnaud* Bayonne, Notaire de Montfort, par lequel ils firent vente, sous faculté de rachat, à noble *Bernard* de Sedillac, Seigneur de Saint-Leonard, mari de *Jeanne* de Preissac, fille de *Bertrand*, de la Terre & Seigneurie du Blanquet, pour en jouir, jusqu'à ce que *Frix* de Preissac, héritier universel de *Bertrand* son pere, & frere de la dame de Sedillac, eût fini de payer le restant de la dot à elle constituée par ses Tuteurs dans son Contrat de mariage (1); & le pénultiéme Juin 1539, *Bernard* de Sedillac fit quittance finale au Seigneur *Frix* de Preissac, de tout ce qu'il lui restoit dû, pour la dot de la susdite *Jeanne* de Preissac sa femme; & encore le même jour pénultiéme Juin 1539, la même *Jeanne* de Preissac fit également

(1) Archives d'Esclignac.

quittance finale à *Frix* de Preissac, de tout ce qu'il pouvoit lui devoir pour son droit de légitime (1).

(1) Archives d'Esclignac.

Frix de Preissac fut marié par Contrat du 7 Décembre 1540, passé devant *Jacques* Jolin & *Pierre* du Gay, Notaires de Léaumont, & de Beaupuy, avec *Catherine* de Léaumont, fille de *Jean-Charles* de Léaumont, Chevalier, Seigneur de Puigaillard, & *d'Anne* de Nogaret, & sœur de *Jean-Emeric* de Léaumont, Marquis de Puigaillard (2), Maréchal de Camp, Chevalier des Ordres du Roi, Gouverneur de la Province d'Anjou, Capitaine de cinquante hommes d'armes.

(2) *Ibid.*

Frix de Preissac mourut l'an 1549, laissant pour enfans,

1°. *Alexandre* qui suit.

2°. *Jean*, mort en pupillarité, l'an 1558.

3°. *Bertrand*, Chevalier, Seigneur de Caussens, qualifié haut & puissant Seigneur, servit sous les Rois CHARLES IX, HENRY III, & HENRY IV, fut Capitaine d'une Compagnie des Gardes de ces Rois, & Gouverneur des Château, Ville & Passage du Pont-de-Sé en Anjou; *Jean Eimeric* de Léaumont son oncle, lui avoit donné par son testament du 8 Septembre 1584, la Baronnie de Blou & la Terre de More, situées dans la Province d'Anjou, dont il jouissoit encore lorsqu'il mourut dans la Ville de Nantes, sans tester & sans avoir été marié (3). La succession de *Jean-Emeric* de Léaumont lui donna un procès à soutenir contre *Bertrand* de Maillé-Brezé, Chevalier des Ordres du Roi, Capitaine de ses Gardes, & *Simon* de Maillé-Brezé, Archevêque de Tours, héritiers de *Marie* de Maillé-Brezé leur sœur, femme du Seigneur de Léaumont, lequel procès fut terminé par une transaction du 15 Juillet 1588 (4).

(3) *Ibid.*

(4) *Ibid.*

4°. *Anne*, qui fut mariée avec *Jean* de Gramont, Seigneur de Montastruc & Lupielle, par Contrat passé devant Sabatier, Notaire de Montfort, le 25 Novembre 1582 (5).

(5) *Ibid.*

X V.

Alexandre de PREISSAC, Baron d'Esclignac & d'Ancausse, Seigneur du Blanquet, Garac, Marac, Lartigue, Cadeillan, Bivès, Caussens, Larcan, Lafitau, Corneilhan, &c. fils de *Frix* de Preissac & de *Catherine* de Léaumont, naquit l'an 1541. Il passa une transaction le 23 Décembre 1574, avec *Antoine* de Cassagnet, Seigneur de Tilladet, pour raison des droits qu'il avoit dans la Terre de Caussens, à lui avenue du chef de *François* du Botet, Vice-Amiral de Guienne, son grand oncle (1); & une seconde transaction en qualité d'héritier de *Frix* de Preissac son pere, & de *Catherine* de Léaumont sa mere, devant Lafitau, Notaire de Mauvezin, le 10 Octobre 1597 (2). Il mourut l'an 1628, ayant été marié par contrat du 2 Juin 1572, passé devant Saint-Martin Notaire d'Espaon, avec *Philiberte* de Savaillan, fille de noble *François* de Savaillan, Seigneur de Boissede, d'une des plus anciennes maisons de Guienne, & de *Marie* de Grossoles, & sœur de *Françoise* de Savaillan, femme de *Pierre* de Sedillac, Seigneur de Saint-Leonard (3).

(1) Archives d'Esclignac.

(2) *Ibid.*

(3) *Ibid.*

Philiberte de Savaillan, Baronne d'Esclignac, fit son testament le 2 Février 1609, devant Sabatier, Notaire de Montfort, par lequel elle institue pour son héritier universel, *Gilles* de Preissac son fils aîné, & fait des legs particuliers à chacun de ses autres enfans, nommés (4):

(4) *Ibid.*

1°. *Gilles*, qui suit.

2°. *Bernard-Meric.*

3°. *Jean*, mort jeune.

4°. Autre *Gilles*, appellé le Jeune, mort en minorité.

5°. *Paule*, mariée le 5 Juillet 1609, avec noble *Odet* de la Tour, Seigneur de la Coutere.

6°. *Anne*, morte Religieuse.

X V I.

GILLES DE PREISSAC, Baron d'Esclignac & d'Ancausse, Seigneur du Blanquet, Garac, Marac, Lartigue, Cadeillan, Montfort, Drudas, Estramiac, Bivès, Larcan, Lafitau, Corneilhan, Laut, Larée, Monclar, Saint-Aubin, la Terrade, Cantiran, &c. fils *d'Alexandre* de Preissac, & de *Philiberte* de Savaillan, fut marié par Contrat du 9 Juin 1608, passé devant Dufaur, Notaire de Larée, avec *Louise* de Léaumont, fille unique & héritiere de feu *Jean-Frix* de Léaumont, Seigneur Baron de Larée, Monclar, Saint-Aubin, la Terrade, Cantiran, & de *Bonne* de Maniban, d'après la dispense de parenté, obtenue en Cour de Rome, datée des ides de Novembres 1606, & permission accordée en conséquence le 7 Juin 1608 par l'Evêque d'Aire; le Seigneur *Gilles* de Preissac, procédant du consentement & en présence *d'Alexandre* de Preissac, Baron d'Esclignac, son pere; & *Louise* de Léaumont, en présence & du consentement de *Jean-Emeric* de Léaumont, Marquis de Puygaillard, Chevalier des Ordres du Roi, son oncle (1) *Gilles* de Preissac fut ensuite émancipé par le Baron d'Esclignac son pere, par acte du 8 Décembre 1626 (2). Il donna le dénombrement de ses Terres, les 27 Octobre 1633, & 10 Juillet 1639 (3). La Ville de Montfort voulut, par une délibération des habitans du 5 Juin 1653, l'affranchir de toutes charges royales, auxquelles ses biens dans ledit Montfort étoient assujettis, en reconnoissance de la protection que lui & le Baron son fils, leur avoit accordée auprès du Lieutenant général de la Province (4). Il fit son testament le 4 Juin 1658, devant Gariepuy, Notaire de Bajonnette, par lequel il insti-

(1) Archives d'Esclignac.

(2) *Ibid.*

(3) *Ibid.*

(4) *Ibid.*

tue pour son héritier universel, *Guilhaume* de Preissac son petit-fils, son fils n'existant plus, & lui substitua ses freres cadets, des uns aux autres, suivant l'ordre de primogeniture, dans le cas où celui qui recueilleroit sa succession, viendroit à mourir sans enfans mâles (1). On voit par des lettres particulieres, ou papiers de famille, qu'il seroit superflu de rapporter ici, que sa postérité doit à sa longue vie & à ses tendres soins, la conservation de ses biens. Il mourut le 6 Mai 1660. La Dame de Léaumont sa femme étoit morte avant lui, après avoir fait son testament le 8 Septembre 1653, & nommé pour son héritier, *Bernard* de Preissac son petit-fils, pour lors vivant, fils aîné de feu *Eimeric* de Preissac son fils (2).

Les enfans de *Gilles* de Preissac & de *Louise* de Léaumont furent;

1°. *Eimeric*, qui suit.

2°. *Marie-Jeanne*, femme *d'Arnaud-Guihaume* de Montaut, Seigneur Baron de Castelnau-d'Arbieu, suivant leur contrat de mariage du 20 Juin 1627, passé devant Lauzero, Notaire de Monfort (3).

3°. *Louise-Paule*, mariée à *Jean* de Biran d'Armagnac, des Comtes de Goas, Seigneur de Casteljaloux; leur Contrat de mariage est du 20 Février 1639 (4). Le Seigneur de Biran étant décédé sans enfans, institue par son testament, la Dame de Preissac sa femme sa légataire universelle, qui laisse elle-même à sa mort les biens de son mari, ainsi que sa dot, à *Jean-Eimeric* de Preissac son neveu, fils d'*Eimeric* son frere, distraction faite d'un legs contenu dans son Codicille du 14 Novembre 1693, en faveur de *Jean-Henri* de Preissac son petit-neveu, fils de *Jean-Eimeric*. (5)

(1) Archives d'Esclignac.

(2) *Ibid.*

(3) *Ibid.*

(4) *Ibid.*

(5) *Ibid.*

XVII.

EIMERIC DE PREISSAC II du nom, Baron d'Esclignac & d'Ancausse, Seigneur du Blanquet, Garac, Marac, Lartigue, Cadeillan, Larcan, Lafitau, Corneilhan, Larée, Monclar, Saint-Aubin, la Terrade, Cantiran, Drudas, Estramiac, &c. fils de *Gilles* de Preissac, & de *Louise* de Léaumont, fit ses premieres armes dans le Régiment de Guienne.

Il fut marié par Contrat du 24 Janvier 1639, avec *Henriette* de Foix-Candalle, fille & héritiere de *Gaston* de Foix-Candalle, Comte de Villefranche, Baron de Tournecouppe, & de *Marguerite* de Grossolles-Flamarens (1). *Henriette* de Foix avoit pour cinquiéme ayeule, *Marguerite* de Bourbon (2), fille puînée de *Pierre* I du nom, Duc de Bourbon, & d'*Izabelle* de Valois, & sœur de *Jeanne* de Bourbon, femme du Roi CHARLES V, dit le Sage; *Henriette* de Foix étoit aussi arriere-petite niéce d'*Anne* de Foix, femme de *Ladislas* de Pologne, Roi de Bohême & de Hongrie (3). Duquel mariage naquit autre *Anne*, qui porta les Royaumes de Bohême & de Hongrie à *Ferdinand*, Archiduc d'Autriche son mari, qui devint Empereur : Ce sont les ayeux de l'Impératrice Reine de Bohême & de Hongrie, de la Reine de Pologne, mere de feue Madame la Dauphine, & de l'Impératrice de Baviere sa sœur, femme de l'Empereur *Charles VII*, ainsi que du Roi notre auguste Monarque, du Roi d'Espagne, du Roi de Naples, & du Roi de Sardaigne. *Henriette* de Foix avoit aussi l'honneur de compter dans le nombre de ses parens, *Germaine* de Foix, femme de *Ferdinand V*, dit le Catholique, Roi d'Arragon (4) & *François* de Foix dit *Phebus*, Roi de Navarre (5) dont la sœur *Catherine* de Foix fut bisayeule du Roi HENRY IV, & lui transmit le Royaume de Navarre.

(1) Archives d'Esclignac.

(2) Hist. des grands Officiers de la Couronne, T. III, p. 382.

(3) *Ibid.* p. 383.

(4) *Ibid.* T. III, p. 377.

(5) *Ibid.* p. 376.

Henriette de Foix eut un procès considérable à soutenir au Conseil d'Etat, contre son cousin *Henry-François* de Foix, Duc de Randan, à l'occasion de leur rang de substitués au

Comté d'Aſtarac, du chef de *Marthe* d'Aſtarac leur biſayeule: *Henriette* en fut déboutée, pour n'avoir pas répudié l'hérédité du Comte de Villefranche ſon pere, qui, par un Traité particulier, fait avec le Duc d'Epernon, & reçu de ce dernier la Terre de Tournecouppe, avoit renoncé à ſon droit à cette ſubſtitution.

(1) Archives d'Eſclignac.

Eimeric de Preiſſac mourut jeune, après avoir teſté le 4 Juin 1653 (1). *Henriette* de Foix devenue veuve, paſſa à de ſecondes noces, par Contrat du 8 Juillet 1658, avec *Charles* de Lupiac de Montlezun, Comte de Moncaſſin, Meſtre de Camp d'un Régiment de Cavalerie, dont naquit autre *Charles*, Comte de Moncaſſin, mort ſans avoir contracté d'alliance, ayant fait donation de tous ſes biens à *Charles* de Preiſſac, Marquis de Cadillac ſon neveu & filleul, dont il ſera parlé dans ſon article.

Les enfans du premier mariage d'*Henriette* de Foix avec *Eimeric* de Preiſſac, furent:

1°. *Bernard*, mort en pupillarité.

(2) *Ibid.*

2°. *Guilhaume*, mort d'une chûte, ſans être marié, après avoir fourni les 26 & 27 Décembre 1668 un dénombrement des terres qu'il tenoit à foi & hommage de S. M. dans les Vicomtés de Lomagne & de Fezenſaguet. (2)

3°. *Jean-Louis*, mort jeune, Officier des Gardes-Françoiſes.

4°. *Jean-Eimeric*, qui a continué la poſterité.

(3) *Ibid.*

5°. *Louis*, reçu Chevalier de Malthe, fit ſes Caravanes, en 1671 & 1672 (3); il ſervit d'abord dans le Régiment de Guienne, fut enſuite Capitaine de Cavalerie & mourut jeune, tué dans un combat ſingulier.

(4) *Ibid.*

6°. *Marguerite-Henriette*, fit ſon teſtament le 23 Octobre 1661, (4) & fut Religieuſe au Couvent de Notre-Dame de Saintes, & pourvue d'un Prieuré en Touraine.

7°.

7°. *Louise*, fit son testament le 4 Octobre 1673 (1) & prit le voile dans le même Couvent.

(1) Archives d'Esclignac.

XVIII.

Jean-Eimeric de PREISSAC de Marestang, Marquis d'Esclignac, Vicomte de Cogotois, Baron de Marestang, d'Ancausse, de Larée & du Blanquet, Seigneur de Cadeillan, Larcan, Lasitau, Corneilhan, Casteljaloux, Garac, Marac, Lartigue, Monclar, Saint-Aubin, Laterrade, Cantiran, &c. fils *d'Eimeric* de Preissac II. du nom & de *Henriette* de Foix, devint héritier de son Pere, par la mort de ses freres aînés: Il recueillit aussi la substitution des biens de *Jean*, Baron de Marestang, dont on a parlé, par l'extinction des mâles de la branche d'Astarac-Fontrailles; il abandonna l'état Ecclésiastique qu'il avoit embrassé fort jeune, & prit celui des armes; il fut dangereusement blessé à l'assaut de Mastricht, donné le 17 Mars 1677, par les Compagnies des Mousquetaires, dans l'une desquelles il servoit: il fut long-temps sur la breche au nombre des morts, & perdit une si grande quantité de sang, qu'il en resta quasi entierement perclus des deux jambes; en considération de quoi, le Roi LOUIS XIV voulant le conserver à son service, le nomma Enseigne de vaisseaux, par Brevet du 13 Janvier de la même année (2); mais son état déplorable ne lui permit pas de profiter des bontés de ce Monarque: ayant fixé son séjour dans ses Terres, le même Roi jugea à propos de le charger d'une Commission relative à la noblesse du pays de Rivierre-Verdun, & lui écrivit une lettre à ce sujet, le 8 Février 1695. (3) Le Marquis d'Esclignac fit son testament le 13 Février 1711, par lequel il annulle toutes dispositions précédentes, & particulierement celles contenues

(2) *Ibid.*

(3) *Ibid.*

dans son Testament militaire, fait dans la Ville de Mastricht; (lors de ses blessures). La volonté héréditaire dans sa Branche, d'y conserver la Terre d'Esclignac à l'aîné des mâles successivement, y est marquée de la façon la plus formelle. Il fit un autre Testament le 20 Décembre 1716, dans lequel il institue pour son héritier universel, *Jean-Henry* de Preissac, son fils aîné, fait des legs particuliers à chacun de ses autres enfans, & mourut à son Château de Castillon, le premier Août 1721. (1)

(1) Archives d'Esclignac.

Il avoit été marié par contrat du 29 Octobre 1685, passé devant *Pierre* Gardey & *Hierome* Castera, Notaires de Lectoure, avec *Louise* de Cassagnet-Tilladet, fille de *Jean-Jacques* de Cassagnet-Tilladet, Marquis de Fimarcon, & de *Marie-Angelique* de Roquelaure (2), fille du premier Maréchal de ce nom, & sœur du Duc de Roquelaure, de la Duchesse de Gramont, des Comtesses d'Ayen, & de Lavoguion, des Marquises de Mirepoix & de Balagny. *Louise* de Cassagnet appellée par substitutions au défaut de mâles, à tous les biens de sa maison, fit son testament, au Château de Castillon le 8 Janvier 1731, (3) & mourut le même jour, laissant pour enfans:

(2) *Ibid.*

(3) *Ibid.*

1°. *Jean-Henry* qui suit.

2°. *Charles*, qui a formé la branche des Seigneurs de Cadillac, qui suivra celle de son frere.

3°. *Charles-Louis* de Preissac, nommé le Comte d'Esclignac, Baron de Larée, Seigneur de Monclar, de Bivès, de Brugnens, de Gouts & de Seran, Co-Seigneur de Bajonnette, &c. fut d'abord Chevalier de Malthe, & en cette qualité Prieur d'Epernon & Abbé d'Autray en Lorraine; servit dans le Régiment de la Couronne, fut Guidon de Gendarmerie en 1733, puis Mestre de camp de Cavalerie, Gouverneur du Château neuf de Bayonne: Marié par contrat du 13 Juin 1752, passé devant Laideguive & son confrere, Notaires à Paris, avec *Elisabeth-Therese-Marguerite* Chevalier, Comtesse de Pontdeveyle, dame de Marcoussis, du Plessis, de Bondoufle, &c. veuve de *Charles* Kadot, Comte de Sebeville, Enseigne de la seconde Compagnie des Mousquetaires, dont il n'y a point d'enfans. (1)

(1) Titre original.

4°. *Catherine-Henriette* de Preissac, mariée par contrat du 19 Février 1714, avec *Alexandre* de Percin, Marquis de Montgaillard & de Lavallette. (2)

(2) Titre original.

X I X.

JEAN-HENRY de PREISSAC de Marestang, Marquis d'Esclignac & de Fimarcon, Comte d'Astafort, Vicomte de Cogotois, Baron de Marestang, d'Auradé & du Blanquet, Seigneur de Corneilhan, de Garac, Marac, Lartigue & de Seisses, Co-Seigneur de Cadeillan, de Bajonnette, &c. fils aîné de *Jean-Eimeric* de Preissac, & de *Louise* de Cassagnet-Tilladet, a recueilli les substitutions de la maison de Fimarcon, & possede à ce titre, le Marquisat de Fimarcon, une des plus belles terres du Royaume, érigée très-anciennement par un Roi de Navarre, en faveur d'un cadet de la maison de Lomagne, dont il fut l'appanage : il passa ensuite par femmes dans la maison de Narbonne-Lara, puis de même dans celle de Cassagnet, & aujourd'hui dans celle de Preissac ; il est aussi devenu propriétaire par le même Arrêt du Parlement de Bordeaux du 27 Août 1766 (3) de la Baronnie d'Auradé, & de plusieurs autres Terres à lui substituées par *Marguerite* d'Ornezan, sa trisayeule, femme *d'Amalric* de Narbonne, à la charge de porter le nom & armes d'Ornezan, qui sont *d'azur au Lion d'or.*

(3) Archives d'Esclignac.

Le même Parlement l'a maintenu par Arrêt du premier Septembre 1767, dans le droit de Patronat du Chapitre de Cadillac, fondé en 1493 par Gaston de Foix, l'un de ses ayeux (1). Le Marquis d'Esclignac a servi les premieres années de sa vie, dans le Régiment de Dragons de Fimarcon, dont le Marquis de Tilladet, son oncle, frere de sa mere, étoit Mestre de Camp, & a fait les Campagnes d'Espagne, lors de la guerre de la succession, Aide de Camp du Marquis de Fimarcon, aussi son oncle, frere de sa mere, Lieutenant-Général, Chevalier des Ordres du Roi, Gouverneur du Mont-Louis, Commandant en Chef de la Province de Roussillon.

(1) Archives d'Esclignac.

Il fut marié en premieres noces, par contrat du 25 Novembre 1716, passé devant *Meharon* & *Gourdo*, Notaires de la Ville de Mauleon en Soule, avec *Magdelaine-Marguerite* de Moneins, du nom de Montreal, fille *d'Arman-Jean*, Marquis de Moneins, des Marquis-Ducs de Montreal en Espagne, Comte de Troivilles, Sénéchal ou grand Bailli de Navarre, Gouverneur du pays de Soule & Château de Mauleon, & de *Magdelaine-Françoise* de Gassion, (2) sœur du Marquis de Gassion, Lieutenant-Général, Chevalier des Ordres du Roi, & de la Marquise de Poyanne.

(2) *Ibid.*

Il a épousé en secondes noces en 1747, *Marie-Jeanne* Pelissier de Chavigni, veuve de *Dominique-Joseph* Darros, Seigneur de Beaupuy, Brigadier d'Infanterie, Gouverneur de la Citadelle de Strasbourg, dont il n'a point d'enfans.

Ceux de son premier mariage, avec la demoiselle *Magdelaine-Marguerite* de Moneins-Montreal, sont

1°. *Charles-Magdelaine*, qui suit.

2°. *Françoise-Magdelaine* de Preissac, mariée par contrat du 5 Mars 1744, avec *Armand-Alexandre* de Gontaut-Biron, nommé le Comte de Gontaut, Marquis de Saint-Blancard, (3) Commandant pour le Roi en Bigorre.

(3) *Ibid.*

3°. *Jeanne-Henriette*, morte Religieuse au Couvent de Saint Sernin, à Toulouse, en l'année 1747.

X X.

CHARLES-MAGDELAINE de PREISSAC, Vicômte d'Esclignac, fils de *Jean-Henry* de Preissac & de *Magdelaine-Margueritte* de Moneins-Montreal, fut d'abord Cornette de la Mestre-de-Camp, du Regiment de Cavalerie du Comte de Peyre, son oncle ; pourvu en 1742 d'un Guidon de Gendarmerie, & a monté successivement dans ce Corps, aux emplois d'Enseigne, de Sous-Lieutenant & de Capitaine-Lieutenant d'une Compagnie d'Ordonnance de S. M. sous le titre de Monseigneur le Duc de Berry. Il eut en 1746, le grade de Mestre de Camp de Cavalerie, fut fait Brigadier en 1758 & Maréchal de Camp le 20 Février 1761, (1) blessé considérablement de deux coups de feu, le premier Août 1759, à la bataille près Minden.

(1) Archives d'Esclignac.

Marié par contrat du 9 Novembre 1762, passé devant Pugens, Notaire de Toulouse, & Dallies, Notaire de Monferran, avec *Marie-Charlotte* de Varagne-Gardouch, fille de *Jean-Charles* de Varagne, Marquis de Gardouch & de Belesta, dont la Généalogie est rapportée dans le Nobiliaire, duquel le présent extrait a été tiré, & de *Marie-Thomase* de Juillard. Les enfans sont,

1°. *Henry-Thomas-Charles*, né à Toulouse.

2°. *Charlotte-Magdelaine-Adelayde*, née à Toulouse.

BRANCHE DES SEIGNEURS DE CADILLAC.

XIX.

Charles de PREISSAC, Marquis de Cadillac, Vicomte de Boulogne, Baron de Sainte-More, de Tournecouppe, &c. second fils de *Jean-Eimeric* de Preissac, Marquis d'Esclignac & de *Louise* de Cassagnet-Tilladet, avoit hérité de tous les biens de *Charles* de Lupiac de Montlezun, Comte de Moncassin, son oncle; il servit, comme le Marquis d'Esclignac, son frere aîné, dans le Régiment de Fimarcon, & fit comme lui les campagnes d'Espagne, Aide-de-Camp du Marquis de Fimarcon, leur oncle; il mourut en l'année 1761, après avoir fait son Testament, par lequel il institue pour son héritier universel, *Charles-Louis* de Preissac son fils aîné, & fait des legs particuliers à chacun de ses autres enfans.

Il avoit été marié par contrat du 20 Janvier 1722 avec *Anne-Victoire* de Riquet, fille de *Jean-Mathias* de Riquet, Président à Mortier du Parlement de Toulouse, & de *Marie-Louise* de Montagne (1).

(1) Archives du Château de Tournecouppe.

Les enfans provenus de ce mariage sont,

1°. *Charles-Louis*, qui suit.

2°. *Louis-Victor* de Preissac, nommé le Comte de Cadillac, d'abord Capitaine de Dragons au Régiment de Septimanie, puis Capitaine de Cavalerie au Régiment de Preissac, Gouverneur du Château-neuf de Bayonne, sur la démission du Comte d'Esclignac, son oncle.

3°. *Henry* de Preissac, nommé le Vicomte de Cadillac, troisieme fils de *Charles* de Preissac, Marquis de Cadillac, & d'*Anne-Victoire* de Riquet, a fait entr'autres, la guerre du Canada, Capitaine de Grenadiers, puis Major au Régiment d'Infanterie de Berry, dont le Comte de Goas, son oncle, avoit été Colonel.

Marié par contrat passé à S. Domingue, l'an 1768, avec *Marthe-Catherine* de Pascal, fille unique de *Pierre* de Pascal, premier Président de la Cour des Aides de Bordeaux, de laquelle il a un fils.

Pierre, né à S. Domingue.

X X.

Charles-Louis de PREISSAC, nommé le Comte de Preissac, Marquis de Cadillac, Vicomte de Boulogne, Baron de Sainte-More, de Tournecouppe, &c. fils de *Charles* de Preissac, & d'*Anne-Victoire* de Riquet, fut d'abord Cornette au Régiment de Cavalerie de Berry, dont le Comte de Caraman, son oncle, frere de sa mere, étoit Mestre de Camp; il fut ensuite Capitaine au Régiment de Cavalerie de Clermont-Prince, Aide-Maréchal général des logis de la Cavalerie de l'armée; pourvu en 1759 du Régiment des Volontaires de Flandres, puis d'un Régiment de Cavalerie de son nom, ensuite Mestre de Camp-Lieutenant du Régiment de Cavalerie de Clermont-Prince, dans lequel il avoit servi; promu au grade de Brigadier le 25 Novembre 1766, & à celui de Maréchal de camp le premier Janvier 1770.

Marié par contrat du 3 Mai 1753, passé devant Laideguive & son confrere, Notaires à Paris, avec *Marie-Marguerite-*

Concorde Chol de Torpane, fille de *Jacques-Felix* Chol de Torpane, Conseiller au Parlement de Paris, & de *Jeanne-Françoise* Juilliete, (1) de laquelle il a un fils.

Aymable-Charles, né à Toulouse.

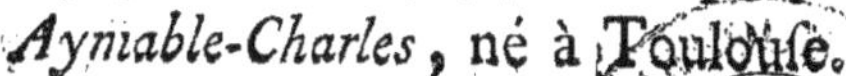

(1) Archives de Tournecouppe.

www.ingramcontent.com/pod-product-compliance
Lightning Source LLC
Chambersburg PA
CBHW070853280326
41934CB00008B/1422

* 9 7 8 2 0 1 2 5 4 6 2 9 5 *